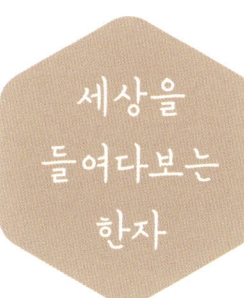

바른 인성을 길러 주는 한자 이야기 ❷
세상을 들여다보는 한자

초판 1쇄 펴냄 2018년 7월 23일

지은이 김경선
그린이 권정훈
펴낸이 고영은 박미숙
책임편집 조연진 | 디자인 이기희 김효진
마케팅 오상욱 | 경영지원 김은주 김동희

펴낸곳 뜨인돌출판(주) | 출판등록 1994.10.11.(제406-251002011000185호)
주소 10881 경기도 파주시 회동길 337-9
홈페이지 www.ddstone.com | 블로그 blog.naver.com/ddstone1994
페이스북 www.facebook.com/ddstone1994 | 노빈손 www.nobinson.com
대표전화 02-337-5252 | 팩스 031-947-5868

ⓒ 2018 김경선

ISBN 978-89-5807-687-2 73190
CIP2018021087

어린이제품안전특별법에 의한 제품표시
제조자명 뜨인돌어린이 **제조국명** 대한민국 **사용연령** 만 8세 이상

②

바른 인성을
길러 주는
한자 이야기

김경선 글 | 권정훈 그림

세상을 들여다보는 한자

뜨인돌어린이

:: 작가의 말

한자를 익히면서 생각도 키워 보아요

　이 책은 좀 이상한 책입니다. 한자를 가르쳐 주는 것 같으면서 어느새 다른 이야기를 하고 있지요. '다른 이야기'에는 공자, 노자, 아리스토텔레스, 존 스튜어트 밀 같은 사상가 이야기가 있고 함무라비 왕, 정조, 괴벨스, 이승만 같은 역사 속 인물의 이야기도 있습니다. 그래서 이 책이 한자를 공부하기 위한 책인지, 철학책인지, 역사책인지 헷갈릴 수 있어요. 그런데 이렇게 글을 쓴 이유는 우리 친구들에게 꼭 하고 싶은 이야기가 있었기 때문입니다.

　급변하는 세상 속에서 우리나라는 발전과 기술에 매달려 왔습니다. 식민지 상황에 전쟁까지 겪으며 무너진 나라를 일으키기 위해서는 어쩔 수 없는 면이 있었을 겁니다. 하지만 발전만 쫓는 과정에서 우리의 마음은 피폐해졌습니다. 지나친 경쟁에 마음은 늘 조급했고, 주위는 경쟁자들로 가득한 듯 인심이 각박해졌지요. 이것은 우리 어린이들에게도 고스란히 영향을 미쳤습니다. 경쟁에 내몰린 어린 친구들에게 경쟁에서

이기는 것만 중요한 것이 아니라는 이야기를 해 주고 싶었습니다. 좋은 사람, 훌륭한 사람이 되는 방법은 경쟁이 아니라 어울림이라고 말해 주고 싶었습니다. 그것이 우리가 살기 좋은 세상을 만드는 길이라고요.

　그래서 한자 교육에 발을 걸치고, 동양 철학을 비롯한 인문학을 바탕으로 어떻게 살 것인가에 대한 이야기를 담게 되었습니다. 한자를 익히면서 생각도 키웠으면 했지요. 한자 한 글자를 시작으로 그 글자가 어떤 의미에서 어떻게 만들어졌는지 살피고, 관련 한자어를 익힌 뒤에, 《논어》를 비롯한 동양 고전과 여러 인문학의 내용을 통해 어떻게 살 것인지, 어떤 세상을 만들 것이지를 고민해 보는 것입니다. **한자를 익히다 보면 어느새 자신과 세상을 돌아보게 되지요.**

　책에서 인성에 대해 이야기하는 이유는, 좋은 세상을 만드는 일은 좋은 인성을 가진 사람에게서 시작된다고 믿기 때문입니다. 세상의 리더들이 좋은 인성을 가진 사람이었으면 합니다. 그렇다면 리더들이 당장 맡은 일을 잘하지 못한다 해도 불안하거나 화가 나지 않을 것 같습니다. 좋은 사람에겐 언제나 희망이 있기 때문이지요. 이 책을 통해서 미래의 리더로 자랄 우리 친구들이 자신의 이익에 앞서 사람을 소중하게 생각하는 인성을 키워 간다면 정말 좋겠습니다.

2018년 6월 김경선

:: 차례

작가의 말 ·········· 4

貧 가난할 빈
나누고 또 나누면 가난해질까? ··················· 8

法 법 법
물이 아래로 흐르는 이치 ························ 26

政 정사 정
바른 길로 가려는 것 ···························· 42

平 평평할 평
물 위에 뜬 물풀처럼 고른 것 ·················· 58

異 다를 이
다르고 낯선 것, 그러나 틀리지 않은 ·········· 74

任 맡길 임
짐을 진 사람의 자세 ························· 90

부록 : 한자의 속살 : 한자는 어떻게 쓰일까요? ············ 108

1장

나누고 또 나누면 가난해질까?

貧
가난할 빈

 돈 귀신 이야기 들어 봤니? 옛날 옛날에 어느 부부가 길을 가다가 날이 어두워져 밤을 지낼 곳을 찾아 헤맸어. 마침 저 멀리 커다란 집이 하나 보여서 들어가 보았지. 커다란 집에는 없는 것이 없었는데 사람이 보이지 않는 거야. 부부는 밖에서 지내는 것보다 나을 듯해서 그곳에서 밤을 보내기로 했어. 그런데 깊은 밤이 되자 집에 귀신이 나타났어. 귀신은 부부를 잡아먹으려고 달려들었지. 남편은 뜨거운 인두를 들고 귀신을 쫓았어. 인두에 뜨거운 맛을 본 귀신은 도망을 쳤어. 남편은 귀신을 잡겠다며 계속 그 뒤를 쫓았지. 그러자 귀신은 정말 귀신처럼 빠르게 몸을 숨겨 버렸어.
 "여보, 저 항아리로 들어간 것 같아요."
 아내의 말에 남편이 항아리 속을 들여다보았어. 그런데 그곳에 돈이 가득한 거야. 그걸 보고 남편은 이렇게 말했지.

"돌고 돌아야 할 돈이 이렇게 갇혀 있으니 귀신이 되었군."

돈에 욕심을 부리고 쌓아 놓기만 하면 돈은 제 역할을 할 수 없어. 옛이야기에서처럼 돈 귀신이 되고 말지. 돈을 흥청망청 써서도 안 되겠지만 돈에 지나치게 욕심을 부리지 말라고 이 옛이야기는 말하고 있어.

그런데 돈에 초연하기는 매우 어려워. 우리가 사는 세상은 돈이 있어야 먹고 입고 공부하는 등 사람답게 사는 일이 가능하기 때문이야. 그래서 오늘날 사람들이 가까이하기를 꺼리는 한자가 있어. 바로 빈貧 자야. 빈貧은 '가난하다' '부족하다' '모자라다'는 뜻을 가지고 있지.

빈貧 자를 뜯어보면 '나눌 분分'과 '조개 패貝'가 모여 있는 걸 알 수 있어. '조개 패貝'는 돈을 의미해. 화폐가 만들어지기 전, 먼 옛날 사람들은 조개를 화폐로 이용했지. 그래서 '조개 패貝' 자는 돈, 재물을 뜻하고 그런 의미를 나타내는 글자에 쓰이곤 해. 예를 들어 '재물 재財'나 '재물 화貨'에 쓰여 돈, 자원, 물건, 보물 등의 의미를 나타내지. 이렇게 '조개 패貝'가 돈과 관련이 있다 보니 '탐낼 탐貪' '빌릴 특貸' '팔 판販'에도 쓰였어. 돈이나 물건을 탐낸다 하여 '탐낼 탐貪'이 되고, 돈을 빌린다는 의미로 '빌릴 특貸'이 되고, 물건을 팔면 돈벌이가 되니 '팔 판販'에 쓰인 거야.

그런데 왜 '조개 패貝'와 '나눌 분分'이 모였는데 '가난할 빈貧' 자가 되었을까? 이건 재물을 나누고 또 나눈다는 거야. 이렇게 재물을 계속 나누면 어떻게 될까? 재물이 점점 줄겠지? 그러면 가난해질 수도 있고, 재물이 모자라고 부족해질 거야. 그래서 빈貧이 '가난하다' '모자라다' '부족하다'는 의미를 갖게 된 거야.

빈貧이 들어간 한자어 역시 이런 의미를 나타내는 것이 많아. 빈곤貧困, 빈민貧民, 빈약貧弱, 빈부貧富 등인데, 빈곤貧困은 가난하여 살기 어려운 것을 뜻해. 돈이 없으면 추위와 더위를 피할 수 없고,

分 + 貝 = 貧
나눌 분   조개 패   가난할 빈

잘 먹지 못해서 배가 고프면 힘들고 지칠 때가 많아. 세상살이에 곤란을 겪는 거야. 이런 삶을 사는 사람을 빈민貧民이라고 해. 가난한 사람을 뜻하지. 빈민들은 빈약貧弱한 경우가 많아. 가난하고 힘이 없는 거지. 빈약하다는 것은 사람뿐 아니라 내용이 보잘것없고, 변변치 않을 때도 쓰이는 말이야.

마지막으로 빈부貧富는 서로 반대되는 말을 나란히 놓은 거야. 생활에 돈이 필요한 우리는 가난함과 부유함에 민감해. 아주 돈이 많은 사람도 돈에 욕심을 내는 건 자신보다 돈이 많은 사람을 이기기 위해서라고 하지. 세계 1위의 부자에 비하면 세계 100위의 부자는 아직 돈이 더 필요한 거야. 이런 사람은 다른 사람이 보기엔 부유하지만 자신의 마음속에는 가난함이 있는 거지. 끊임없이 부유함만 좇다가는 마음속 가난은 사라지지 않아. 우리 나름대로 부유함과 가난함이 무엇인지 고민해 봐야 마음으로 느끼는 가난에서 벗어날 수 있을 거야.

옛사람들은 '가난할 빈貧'에 대해 어떤 생각을 했을까? 옛날 사람들은 가난을 오늘날 사람들처럼 두려워하지만은 않았던 모양이야. 옛날부터 전해 오는 사자성어에는 '안빈낙도安貧樂道'라는 것이 있거든. 안빈낙도는 가난하지만 가난에 얽매이지 않고 즐기며 평안한 마음으로 살아가는 것을 뜻해. 이것은 공자도 제자들에게 강조한 것이지.

공자의 제자 중에는 '안연'이라는 매우 가난한 사람이 있었어. 공자가 가만히 그 제자 사는 것을 보니 '일단사일표음一簞食一瓢飮', 즉 하루에 대그릇에 담긴 밥 한 그릇과 표주박에 담긴 물 한 사발을 먹으며 살고 있더래. 물론 사는 곳도 허름하기 이를 데가 없었지. 하지만 안연은 그것을 불편해하거나 원망하지 않았어. 가난에 연연하지 않고 자신의 생각과 마음을 단련하는 공부에 큰 의미를 두며 생활했지. 공자는 그런 안연을 어떤 제자보다 아끼고 훌륭하다며 칭찬했지.

공자는 가난을 허물로 보지 않았어. 《논어》에서 공자는 이렇게 말했어. '사람은 누구나 부자나 귀한 사람이 되길 바라지만 떳떳하지 못한 방법으로 부와 귀함을 누려서는 안 된다. 또 사람은 누구나 가난하고 천한 대접을 받기 싫어하지만 떳떳하지 못한 방법으로 가난과 천함에서 벗어나려 해서는 안 된다'고 말이야. 가난을 싫어하고 넉넉함을 좋아하는 것은 그저 당연한 일일 뿐, 그것이 사람의 됨됨이나 성공의 기준이 될 수 없어. 그래서 공자는 넉넉함과 귀함을 그 사람이 추구해야 할 중요한 가치라고 여기지도 않았어. 사람이 추구해야 할 것은 어떤 상황에서건 바른 생각과 행동이라는 거지.

오늘날 세상은 돈으로 살 수 있는 물건이 넘쳐 나고 있어. 돈이 많은 사람은 사고 또 사고 뭐든 넘치게 가질 수 있어. 그래서 가난이 어느 때보다 두드러지는 세상이 되었지. 하지만 가난을 그 사람의 허물로 취급해서는 안 돼. 그리고 가난이 자신을 깎아내리는 것도 아니라는 걸 기억했으면 해.

그런데 '가난할 빈貧'이 가리키는 것처럼 재물을 나누고 나누면 정말 가난해지기만 할까?

옛날 경주에 어마어마한 부자富者가 살고 있었어. 최씨 성을 가진 부자를 경주에서 모르는 사람이 없었고, 다른 지역에서도 경주의 최 부자가 돈 많은 사람이란 건 소문으로 알고 있을 정도였지. 그런데 이 부잣집에는 꼭 지켜야 하는 가르침이 있었어.

첫째, 진사 이상의 벼슬을 하지 말아라.
둘째, 만석 이상의 재산은 모으지 말아라.
셋째, 찾아오는 손님은 후하게 대접하라.
넷째, 흉년에는 남의 논밭을 사들이지 마라.
다섯째, 시집온 며느리는 삼 년 동안 무명옷을 입어라.
여섯째, 사방 100리에 굶어서 죽는 사람이 없게 하라.

이 여섯 가지 가르침은 어떤 의미일까? 먼저 진사 이상의 벼슬을 하지 말라는 것은 지나친 권력을 갖지 말라는 거야. 권력을 다투는 사람이 되지 말라는 의미지. 권력을 다툰다는 건 권력을 이용하여 이득을 취하려는 욕심 때문일 때가 많은데, 잘못된 권력은 총칼보다 무섭지. 권력을 이용해서 백성을 괴롭힌 예는 아주 많으니까. 그러니 최 부잣집에서는 진사 이상의 벼슬을 하지 말아서 애초에 그런 마음이 생기지 않게 하자고 마음먹은 것 같아. 최 부잣집은 돈과 권력보다는 바른 사람으로 사는 것을 중요하게 여긴 거지. 나머지 다섯 가지 가르침에서도 이런 생각을 그대로 느낄 수가 있어.

최 부잣집에서 한 해에 거둬들이는 쌀은 3천 석에 이르렀다고 해. 3천 석을 오늘날의 돈으로 환산하면 10억이 넘는다고 하니까 어마어마한 부자였던 거야. 그런데 최 부잣집은 만석 이상의 재산을 모으지 말라고 했어. 한 해 3천 석의 수확을 걷으면 1천 석을 자기들이 쓰고, 1천 석은 집으로 찾아오는 사람들에게 베풀고, 1천 석은 주위의 어려운 사람에게 나눠 주었지. 그러니 최 부잣집 주위에는 굶어 죽는 사람이 없었던 거야. 사방 100리에 굶어 죽는 사람이 생긴다는 것은 주위를 돌보지 않은 것이고, 부자로서 해야 할 일을 하지 않은 것으로 여겼어.

또 최 부자는 흉년에는 논밭을 사들이지 말라고 했어. 한 해 농사를 지어 먹고사는 농민들에게 흉년은 살아갈 길이 막막해지는 일이야. 당장 먹을 것이 없어서 굶어 죽을 수도 있으니까. 이때 농부들은 다급한 마음에 논밭을 팔려고 싸게 내놓곤 하지. 부자는 이럴 때 값싸게 땅을 늘릴 수 있어. 하지만 최 부자는 그런 짓은 해서는 안 된다고 생각했어. 오늘날에도 돈 많은 사람들은 돈을 이용해서 쉽게 돈을 버는데 이건 매일매일 열심히 일해서 사는 사람들에겐 큰 허탈감을 주는 일이지. 시집온 며느리에게 처음 3년 동안 무명옷을 입게 한 것은, 먼저 검소하고 아끼는 생활을 배우라는 뜻일 거야. 그래야 집안 살림도 알뜰하게 할 수 있을 테니까.

최 부잣집의 여섯 가지 가르침은 대대로 이어졌어. 그런데 이런 가르침을 지키고도 계속 부자로 살 수 있었을까? 보통 부자는 3대가 이어지기 힘들다는데 이렇게 나누다가는 최 부잣집도 망하지 않았을까? 놀랍게도 경주의 최 부잣집은 10대가 넘도록 수백 년 동안 부를 이어갔어. 나누고 또 나누는 삶은 집안을 가난하게 만들기보다 최 부잣집과 마을 사람들 모두를 살기 좋게 해 줬지. 결국 최 부자의 여섯 가지 원칙이 부자로 사는 방법이기도 했던 거야.

"재물은 분뇨와 같아서 한곳에 모아 두면 악취를 풍기지만 사방으로 흩뿌리면 거름이 되는 법이다."

최 부자 가문의 후손인 최준이란 사람이 한 말인데, 재물을 왜 나눠야 하는지 정말 잘 설명하는 말인 것 같아. 최 부잣집 후손들은 오늘날에도 주위 사람들에게 재산을 나누며 살고 있을까? 경주 최 부자 집안은 일제 강점기에 많은 재산을 독립운동 자금으로 내놓았어. 독립이 되고 난 후에는 대학교에 재산을 기부하고 지금은 평범한 시민으로 살고 있지. '경주 최 부자'는 사라졌지만 부富를 어떻게 사용해야 하는지 오늘날 사람들에게 잘 알려 주었지.

이처럼 재물을 나누는 부자가 세상에 없다면 가난한 사람들은 누가 도와줄까? 옛말에 '가난은 나라도 구제를 못 한다'고 했는데 말이야. 그런데 이 말은 일부분은 맞고, 일부분은 틀려. 아무 노력도 하지 않는 사람을 나라가 구제할 수는 없겠지. 하지만 나라는 국민을 가난에서 구제하기 위한 노력을 기울여야 해. 나라가 존재하는 것은 국민을 위해서니까. 굶어 죽는 사람을 구제하는 일은 최씨 같은 부자에 앞서 나라가 해야 할 일인 거야.

대표적인 것이 세금을 공정하게 걷고 공정하게 사용하는 거야. 나라는 우선 세금을 걷는 것에서부터 부富를 고르게 나눌 수 있어. 나라가 존재하는 한, 세금을 내는 것은 국민의 의무야. 옛날 우리나라의 세금은 조祖, 용庸, 조調로 나누어 부과되었어. 먼저 조祖는 땅에 부과하는 세금이야. 땅을 가지고 있는 정도에 따라서 세금을 내는 거지. 옛날에는 대부분의 경제 활동이 농사를 짓는 것이었기 때문에 땅의 크기는 곧 그 정도의 경제 활동을 한다는 걸 의미하지. 그래서 땅의 크기에 따라 세금을 걷었어. 두 번째로 용庸은 나라에서 사람들의 노동력을 동원하는 거야. 나라에 큰길을 내거나 건물을 짓는 일, 군인으로 전쟁에 나가는 일 등이 용庸에 해당하지. 세 번째 조調는 각 지방의 특산물을 세금으로 내는 것이었어. 바닷가에서는 물고기를 내고, 산지에서는 약초를 내는 식이지. 그런데 이 세금 제도는 나라의 정책에 따라서 혹은 관리의 부정부패에 의해서 사람들을 괴롭히고, 가난을 부추기는 수단이 되기도 했어.

16세기 조선 시대의 백성들은 불공정한 세금 때문에 큰 고통을 겪어야 했어. 지역의 특산품을 세금으로 내는 경우에 조선 정부에서는 집집마다 똑같은 양의 세금을 부과했어. 부잣집과 가난한 집이 똑같은 양의 세금을 내는 거야. 이건 절대 공정하다고 할 수 없지. 100개 가진 사람이 내는 하나랑, 5개 가진 사람이 내는 하나는 절대 같을 수가 없잖아. 하지만 많이 가진 사람들은 이런 불공평한 세금 제도를 바꾸는 데 반대했어.

또 백성의 노동력을 이용하는 군역도 문제가 있었어. 조선의 법에는 16세에서 60세까지의 남자에게는 군역의 의무가 있다고 정해져 있었어. 전쟁이 나면 군인으로 나서야 하는 거야. 군인으로 나가지 않아도 되는 경우는 60세 이상이거나 큰 병에 걸린 경우, 장애인인 경우, 부모가 병들고 70세 이상인데 아들이 하나뿐인 경우, 부모의 나이가 90세 이상인 경우뿐이었지. 하지만 조선의 양반들은 이런저런 이유를 들어 군역의 의무에서 빠지곤 했어. 일반 백성의 입장에서는 너무 화가 나는 일이었을 거야. 나라를 유지하고 지키는 데 부자와 벼슬아치들은 쏙 빠지고, 백성들만 애쓰고 있으니 이보다 분한 일이 어디 있겠어.

가난한 백성들에게 세금은 나라에 쳐들어온 적군보다 더 무서운 존재였어. 백성들 중에는 세금을 내느라 밥을 굶는 사람도 있었고, 세금을 도저히 낼 수 없어 관리의 세금 독촉을 피해 산으로 숨어들어 가는 사람도 있을 정도였지.

강한 나라를 만드는 것도 중요하지만 국가는 국민의 생활을 살피는 데 게을리해서는 안 돼. 그것은 곧 나라를 무너뜨리는 일이 되고 말지. 18세기 프랑스는 세계 최강국이었어. 하지만 당시 프랑스 시민 대다수는 굶어야 했지. 결국 프랑스에서는 혁명이 일어나고 말았어. 국민의 괴로움을 모른 체하는 나라는 유지될 수 없는 거야. 19~20세기 영국의 경우도 마찬가지야. 영국은 당시 세계 최고의 강대국이었어. 하지만 영국 노동자는 하루 한 끼를 겨우 먹고 살았지. 결국 영국도 정치 개혁이 일어나고 말았어. 국민의 가난은 나라를 뒤흔드는 문제가 되는 거야.

우리가 잘 아는 '장발장' 이야기 말이야. 장발장은 너무 배가 고픈 나머지 빵 한 조각을 훔치고 말았지. 그리고 19년을 감옥살이했어. 장발장이 정말 그런 감옥살이를 할 정도로 큰 죄를 지었다고 생각하니? 만약 누군가 배고픈 장발장에게 빵 한 조각을 먼저 권했다면 어땠을까? 한 사람의 가난을 외면하면 많은 범죄자를 만들 수 있어. 범죄가 많은 사회는 매우 위험한 사회이고 말이야. 그래서 국가에서는 국민이 사람답게 살 수 있도록 복지에 힘을 써야 하고, 우리는 이웃과 서로 나누며 살아야 하는 거지.

오늘날 '가난할 빈貧' 자는 이렇게 해석되어야 할 것 같아. 나누고 나누면 부족하고 가난해지는 것이 아니라, 나누고 나눠야 더불어 가난을 벗어날 수 있다고 말이야.

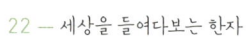

 으로 배우는 한자어

빈貧은 '가난하다' '모자라다' '부족하다'는 뜻을 가진 한자입니다. 한자는 이미 만들어진 글자 두세 개가 어울려져 새로운 글자가 만들어지곤 하는데 빈貧 역시 그런 원리로 만들어졌습니다. '조개 패貝'에서 뜻을 가지고 오고, '나눌 분分'에서 소리를 가지고 와서 '가난할 빈貧'을 만든 것이지요.

'조개 패貝'는 돈을 의미하는 글자입니다. 조개가 돈의 의미가 된 것은 오랜 역사에서 그 이유를 찾을 수 있습니다. 먼 옛날 인간은 스스로 만들거나 얻은 것만 가지고 생활했습니다. 자급자족自給自足 생활이었지요. 그러다가 인간 사이에 교류가 시작되었습니다. 내게 없는 것을 가진 사람에게 내 것을 주고, 새로운 것을 얻는 것입니다. 물건과 물건을 교환하여 생활하는 물물교환物物交換이 시작되었지요. 그런데 물건을 들고 가서 물건으로 맞바꾸어 오는 일은 보통 번거로운 일이 아닙니다. 그래서 등장한 것이 화폐, 즉 돈입니다. 인간은 생활에 꼭 필요한 쌀을 화폐처럼 사용하기도 하고, 귀한 소금이나 금속을 화폐로 사용하기도 했습니다. 조개도 화폐 역할을 했지요. 그래서 '조개 패貝'가 돈을 뜻하게 된 것입니다. 사람들은 조개의 모양을 따서 '조개 패貝' 자를 만들었고, 이후 '조개 패貝' 자는 돈과 관련된 글자에 감초처럼 쓰이게 되었습니다. 돈이 없는 가난함을 나타내는 '가난할 빈貧'에 쓰이고, 재물을 뜻하는 '재물 재財' '재물 화貨'에도 쓰이고, 재물같이 귀한 것을 탐한다 하여 '탐낼 탐貪'에 쓰인 것입니다. '조개 패貝' 자가 글자에 보이면 돈과 관련이 된 것이 아닐까 생각해 볼 수 있는 것이지요.

'가난할 빈貧'은 글자의 뜻에 따라 부족하거나 가난함을 의미하는 한자어에 많이 쓰입니다. 빈곤貧困, 빈약貧弱, 극빈極貧, 빈민貧民, 빈국貧國, 빈혈貧血, 빈부貧富, 청빈清貧, 빈익빈貧益貧 등이 있지요. 빈곤貧困은 가난하여 살기 어려운 상태를 뜻합니다. 가난하면 현실적인 삶에서 여러 어려움이 따르지요. 추위와 더위를 피하기 어렵고, 배고픔을 겪기도 합니다. 기본적인 생활이 힘드니 당연히 사는 데 어려움을 겪을 수밖에 없습니다. 이런 어려움을 겪는 사람을 우리는 빈민貧民이라고 합니다. 또 가난한 나라를 빈국貧國이라고 하지요.

빈민과 빈국은 먼저 손을 내밀어 도움을 줘야 합니다. 오늘날에는 빈익빈貧益貧 현상이 심하다고 합니다. '빈익빈'이란 가난할수록 더욱 가난해지는 것을 말합니다. 자본주의 사회에서 돈이 많은 사람은 돈을 이용해서 쉽게 많은 돈을 벌곤 합니다. 많은 돈에는 많은 이자가 붙기 때문에 돈을 불리기 쉽고, 돈으로 건물을 사서 임대를 주어 매달 안정적인 수익을 내기도 하지요. 돈이 있으면 더 쉽게 많은 돈을 버는 것입니다. 이런 사회적 구조 속에서 가난한 사람들이 부자가 되는 일은 점점 어려워지고 있습니다. 오히려 점점 더 가난해지고 있다고 할 수 있지요. 이런 빈익빈 문제를 해결하기 위해서 나눔은 더 절실합니다. 그래야 심해지는 빈부 격차를 줄일 수 있습니다.

 貧과 관련된 한자어

貧困(빈곤) 가난하여 살기 어려움.
貧弱(빈약) 가난하고 약한 상태.
極貧(극빈) 매우 가난함.
貧民(빈민) 가난한 백성.
貧國(빈국) 가난한 나라.
貧血(빈혈) 피가 부족함.
貧富(빈부) 가난함과 부유함.
淸貧(청빈) 성품이 깨끗하여 가난함.

2장

法

물이 아래로 흐르는 이치

法
법 법

　　　　　　법이란 한 사회, 나라를 유지시키기 위해 국가에서 정한 규칙이야. 그런데 왜 '물 수水'와 '갈 거去'가 만나서 '법 법法' 자가 만들어졌을까? 물이 어떻게 흘러가는지 생각해 볼까? 물은 항상 높은 곳에서 낮은 곳으로 흘러가. 이건 누구나 알고 있는 당연한 이치지. 사람들은 높은 곳에서 낮은 곳으로 흐르는 물처럼 당연한 이치를 법이라고 생각했어. 그리고 어디든 가리지 않고 아래로 흐르는 물의 공평함처럼, 공평하지 않은 것을 몰아내는 것이 법이라고 믿었지.

　흐르는 물을 보면서 옛사람들은 많은 생각을 했던 것 같아. 중국의 철학자 노자는 《도덕경》에서 '상선약수上善若水'라고 했어. 그 뜻을 풀어 보면 최고의 선善은 물과 같다는 뜻이지. '선'은 '착하다' '좋다'는 뜻을 가지고 있으니 물처럼 사는 것이 좋은 삶이라는 거야. 노자는 왜 이런 말을 한 걸까? 노자는 물이 가진 몇 가지 특징을 들어 사람도 물처럼 하면 바른 삶을 살 수 있다고 했어.

첫 번째는 물의 이로움이야. 물은 어디든 가리지 않고 흘러. 물은 특별히 거스르는 것이 없이 상대가 무엇이든 감싸 흐르지. 이렇게 물이 흐르는 곳에는 생명이 싹 터. 동물도 식물도 물이 있을 때 살 수 있으니 세상 만물에 물처럼 이로운 것이 있을까?

두 번째로 노자는 늘 아래로 흐르는 물처럼 겸허하게 살라고 했

水 + 去 = 法
물 수 　 갈 거 　 법 법

어. 옛 속담에 '자랑 끝에 불난다'는 말이 있어. 자랑이 이어지다 보면 불이 난 것처럼 사고가 일어난다는 거야. 그러니 겸허는 개인의 인성을 다듬는 것은 물론, 여럿이 어울려 사는 데 꼭 필요한 덕목이라고 할 수 있지. 사람이 물처럼 낮은 곳으로 흐르는 겸허함이 있다면 자랑 끝에 불나는 일은 절대 없을 거야.

세 번째는 어떤 가로막음에도 맞서지 않고 돌아 흐르는 물의 성질을 이야기했어. 물은 강하게 부딪치기보다는 작은 틈을 찾아 돌아서 흘러. 그리고 틈이 없어 부딪칠 때는 오랜 시간을 두고 길을 만들지. 거친 바위에 부딪쳐 솟구치는 물은 시간이 지날수록 솟구치는 정도가 잦아들어. 아주아주 긴 시간이 필요하지만 길을 만들기 때문이야. 바위를 만나면 멀리 돌아 가고, 돌아 갈 곳이 없으면 긴 시간을 들여 길을 만드는 물의 모습은 약해 보일 수 있어. 하지만 노자는 약한 것이 강한 힘을 낸다고 했어. 단단한 바위도, 쇳덩이도 흐르는 물에 길을 내고 거칠던 표면까지 부드러워지니까. 전쟁과 평화 중 무엇이 세상을 바꿀 수 있을까? 사람들이 바라는 세상의 변화는 평화에서 오는 것이 아닐까?

'눈에는 눈, 이에는 이'라는 말 들어 본 적 있니? 이것은 사람이 처음 문자로 기록한 법인 함무라비 법에 나온 내용이야. 기원전 1750년경 바빌로니아의 함무라비 왕은 법을 만든 후 큰 바위에 그 내용을 새겨서 사람들이 오가는 곳에 세워 두었어. 사람들이 이를 보고 잘못을 저지르지 않기를 바라는 마음이었을 거야. 바위에는 이렇게 쓰여 있었어.

만일 평민의 눈을 상하게 했을 때는 그 사람의 눈도 상하게 해야 한다.
만일 평민의 이를 상하게 했을 때는 그 사람의 이도 상하게 해야 한다.

한편 우리나라 역사에서도 법을 찾아볼 수 있어. 고조선의 8조법은 우리 역사 최초의 법이야. 이 가운데 현재 3개 조항이 전해지고 있지.

남을 죽인 사람은 사형에 처한다.
남을 때려 다치게 한 사람은 곡식으로 보상한다.
남의 물건을 훔친 사람은 그 물건 주인 집 노예가 되어야 한다. 만약 풀려나려면 50만 전을 내야 한다.

법이 아주 엄격하지? 사람이 사람을 해하는 것은 이치에 맞지 않는 것이니 엄격하게 다스린 거야.

사실 '법 법法' 자의 처음 모습은 지금과 달랐다고 해. 아주 먼 옛날에는 '물 수水'와 '갈 거去' 사이에 '해태 치廌' 자를 넣어 법이라 읽었지. 해태는 옳고 그름과 선악善惡을 가리는 전설의 동물이야. 고

궁이나 우리나라 국회의사당 앞에 가면 해태상을 볼 수 있는데, 부리부리한 눈이 사자나 호랑이처럼 무섭게 보이지. 해태는 이 무서운 얼굴로 주변에 싸우는 소리가 들리면 달려가서 잘못을 저지른 사람을 뿔로 박거나 입으로 물어서 없애 버렸다고

해. 잘못에 대해 엄한 벌을 내린 셈이지. 법 글자에 '해태 치鷹' 자를 넣은 이유를 알겠지? 옛사람들은 법이 해태와 같은 역할을 해야 한다고 여겼던 거야. 그래서 옛날의 법은 오늘날에 비하면 더욱 단호한 모습을 하고 있는 것 같아. '눈에는 눈, 이에는 이'처럼 복수하는 방식을 취하기도 하고 말이야.

  법은 이렇게 오래전부터 엄격하게 적용되어 왔어. 이와 관련한 한자어도 많이 있지. 법 중에 가장 중요한 법은 헌법憲法이야. 헌법은 나라의 통치 체제와 기본 원칙을 담고 있어. 그래서 그 나라의 모든 법은 헌법을 기준으로 만들어지지.

  법을 만드는 것을 '입법立法'이라고 해. 우리나라의 입법 기관은 국회야. 그래서 국회를 입법부立法府라고도 불러. 법이 만들어지면 사회에 적용을 하지. 법을 적용하여 법에 적합한지 따지는 것을 '사법司法'이라고 해. 죄를 지은 사람의 죄를 묻고, 재판을 하는 등의 활동

이지. 이런 활동은 법원法院에서 이루어져. 그래서 이런 곳을 사법부司法府라고 하지. 법을 어기는 위법違法, 불법不法, 탈법脫法적인 행동을 하면 사법부에 의해 죗값을 받게 되지.

그런데 법은 정말 평등하고, 정의로운 걸까? 한때 '유전무죄有錢無罪 무전유죄無錢有罪'라는 말이 유행인 적이 있어. 돈이 있으면 죄가 없고 돈이 없으면 죄가 있다는 뜻으로, 가난한 사람과 부자에게 각각 다르게 적용되는 법을 비꼬는 말이지. 또 최근에는 '정치 검사, 법꾸라지'라는 말이 많이 쓰이고 있어. 사회 정의를 위해 죄를 물어야 할 검사들이 정치적 이해에 따라, 죄를 물어야 할 때는 침묵하고 죄를 묻지 않아야 할 때는 죄를 묻는다는 거야. 또 법을 잘 아는 사람들이 돈과 지식, 권력을 이용해서 법망을 요리조리 피해서 죗값을 받지 않는 것을 법꾸라지라고 불러. 미꾸라지처럼 법을 피해 달아난다는 거야. 사람들이 법을 따르는 것은 법이 모든 사람에게 일정하게 적용되기 때문이었어. 부자건 가난하건, 지위가 높건 낮건, 법 앞에 평등하다는 믿음이 법을 따르게 한 거지. 그런데 계속 이런 일이 반복된다면 우리 사회의 법질서는 위태로워질 거야. 들쑥날쑥 법을 적용한다면 누가 법을 따르려고 하겠어. 그러니 법의 평등과 정의는 반드시 지켜야 할 일이야. 그래서 법을 제대로 적용하기 위한 노력은 아주 오래전부터 시작되었지.

조선의 사헌부는 오늘날의 사법 기관이라고 할 수 있어. 조선의 법전인 《경국대전》에서는 사헌부에서 나라의 관리를 감찰하고, 풍속을 바로잡으며, 백성의 억울한 사정을 풀어 주고, 잘못된 일을 단속한다고 정해 두었지. 사헌부는 특히 조선 관리의 잘못을 수사하고 잘못이 있는 관리를 쫓아낼 수 있었기 때문에 관리들에게는 매우 껄끄러운 존재였어. 어쩌면 '유전무죄 무전유죄' 식으로 사헌부 사람과 친해 두면 권력을 가진 관리는 제멋대로 백성을 괴롭힐 수 있었을 거야.

이런 일을 막기 위해 사헌부 관리들은 나라의 주요 회의가 있을 때면 가장 먼저 들어갔다가 가장 나중에 나오곤 했어. 회의를 오가며 사헌부 관리와 정부의 다른 관리가 만나는 일을 막기 위한 거지. 그러다 보니 사헌부 관리는 친구의 잔치나 장례식에 가는 일도 흔치 않았어. 사람이 모이는 곳에서 여럿이 어울리다 보면 죄를 덮어 달라는 부탁을 받을 수 있으니 미리 차단하는 거야. 또 사람들과 친하게 지내다 보면 어쩔 수 없이 편의를 봐줄 수도 있으니 사헌부 관리들은 이런 관계를 맺지 않으려는 노력도 했지. 이수광이 쓴 《지봉유설》이란 책에는 사헌부 관리의 행색을 두고, 낡은 옷에 찢어진 안장이 올려진 좋지 않은 말을 탄다고 했어. 사람들과 어울려 재산을 늘리는 일에 애쓰지 않아서 가난했다는 걸 말한 거지. 사헌부 관리들에겐 화려한 행색보다는 공정한 법 적용이 자부심이었어. 물이 흐르는 이치처럼 법이 바르게 적용되지 않는다면 아무 소용이 없으니까.

혹시 '악법도 법'이란 말 들어 봤니? 말 그대로 악법은 나쁜 법인데 왜 나쁜 법을 법으로 인정하라는 걸까? 정말 악법도 법이니 지켜야 하는 걸까?

아프리카 대륙의 남쪽 끝에는 남아프리카공화국이란 나라가 있어. 이 나라에는 1948년부터 '아파르트헤이트' 정책이 시행되었지. 아파르트헤이트는 백인종과 유색 인종을 분리하는 정책으로 이 정책을 시행하기 위한 법들이 만들어졌어. 먼저 집단 지역법을 만들어서 백인이 사는 지역과 흑인이 사는 지역을 구분했어. 백인이 사는 지역에 흑인들은 살 수 없게 했고, 백인과 흑인이 사용할 수 있는 공공시설도 구분했지. 하지만 이것은 말만 분리이고 구분일 뿐, 철저한 차별이었어. 아파르트헤이트는 흑인에게는 교육 기준도 달리해서 특정 직업은 가질 수 없게 막았고, 정치 참여의 자유도 제한했어. 아파르트헤이트에 따라 제정된 법들은 평등하지도, 정의롭지도 않은 악법이었지. 이 법은 40년이 넘도록 이어지다가 1994년에 흑인 인권 운동가 넬슨 만델라가 남아프리카공화국의 대통령에 당선되면서 사라지게 되었어. 잘못 만들어진 법이 낳은 고통의 시간은 너무나 길었지.

그래서 법은 수많은 고민을 통해 만들어져야 해. 남아프리카공화국의 흑인들은 아파르트헤이트로 만들어진 악법 때문에 40년이 넘도록 고통을 겪었어. 법이 고쳐졌다고 해서 그 고통이 한순간에 사라지는 것은 아닐 거야. 악법으로 원하지 않는 직업을 가지게 된 사람이 어쩔 수 없이 그런 삶을 계속 살 수도 있고, 백인과 유색인 사이에 생긴 서로에 대한 적개심도 한순간에는 사라지지 않을 테니까.

　한편 법은 차별을 막을 뿐 아니라 도덕적인 행동을 해야 한다고 요구하기도 해. 이런 생각에서 만들어진 법이 착한 사마리아인 법이야. '착한 사마리아인'이란 말은 성서에서 유래되었어. 길을 가던 한 사람이 강도를 만나서 피를 흘리며 쓰러져 있었지. 다친 사람을 보고도 사람들은 자기 갈 길만 가고 도와주지 않았어. 다친 사람을 도운 것은 천대받던 사마리아인이었지. 성서에서는 이 사람을 '착한 사마리아인'이라고 했어. 착한 사마리아인 법은 성서의 사마리아인처럼 자신에게 특별한 피해가 가지 않고 특별한 사정이 없다면 어려움에 처한 사람을 도우라고 정한 법이야. 만약 돕지 않고 지나쳐 간다면 처벌을 받는 거지.

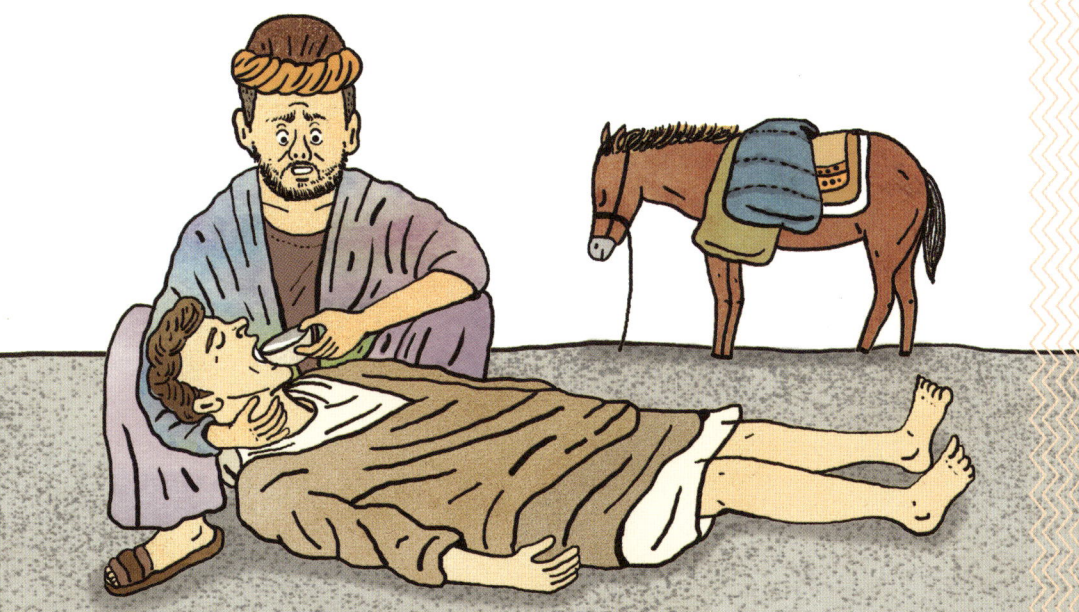

운전을 하던 택시 기사가 승객을 태우고 가다가 갑자기 심장마비를 일으킨 일이 있었어. 택시 기사는 움직이지 못하고 쓰러졌는데 승객은 내려서 자기 짐만 챙겨서 자리를 떠났지. 뒤늦게 택시 기사가 쓰러진 걸 본 다른 사람들이 기사를 도왔지만 결국 택시 기사는 죽고 말았어. 사람들은 그냥 내린 승객의 행동에 분개했어. 착한 사마리아인 법에 의하면 그 승객은 처벌을 받았을지도 몰라.

우리나라에는 아직 착한 사마리아인 법이 없어. 프랑스나 독일, 스위스, 네덜란드 등의 나라에는 착한 사마리아인 법이 있어서 '위험에 처한 사람을 구해 주어도 자신이나 제3자에게 위험이 없는데 도와주지 않은 사람'에게 벌금을 물리거나 징역의 벌을 내리지.

사회가 복잡하고 발달할수록 법의 역할은 커질 거야. 우리는 법치주의法治主義 국가에서 살고 있어. 법치주의는 국가 권력이 법에 의해 사용되는 것을 뜻하지. 법치주의 국가에서는 국민이 법을 지켜야 하는 것과 동시에 정부도 법 테두리에서만 권력을 사용할 수 있는 거야. 국민과 정부, 누구든 법의 소중함을 잊어서는 안 되지.

혹시 반 친구들과 다 같이 지키기로 한 우리 반의 법이 있다면 법치주의를 기억하고 잘 지켜 나가기 바라. 모든 사람들을 만족시킬 수 있는 법은 없겠지만 법이 정의와 평등을 위해 만들어진 것이고, 옛사람들의 생각처럼 물이 흐르는 것과 같은 당연한 이치가 담겨 있다면 우리는 법을 따라야 하니까.

 으로 배우는 한자어

법法은 먼 것 같지만 우리 생활 가까이에 있습니다. 그래서 법法이 들어간 한자어 역시 생활 속에서 많이 쓰입니다.

'법 없이도 살 사람'이라는 말은 착해서 다른 사람에게 해를 끼칠 일이 없다는 의미입니다. 하지만 인간의 욕심은 간혹 법과 어긋나는 행동으로 이어지곤 하지요. 다른 사람의 물건을 훔치거나 빼앗는 등의 일입니다. 이런 행동은 바로 법을 어기는 행동이 됩니다. 이것을 위법違法, 불법不法, 범법犯法이라고 합니다. 위법違法과 불법不法, 범법犯法은 모두 법을 위반하고 법을 지키지 않은 것을 의미하지요. 이 말들에 반대되는 말로는 적법適法과 합법合法이 있습니다. 적법과 합법은 '법에 맞는 것' '법에 합당한 것'을 뜻하지요.

법을 어긴 사람은 범법자犯法者가 됩니다. 범법자는 법원法院에서 그 죄罪에 맞는 벌罰을 받게 되지요. 그런데 이 죄와 벌의 한자를 보면 법은 매우 평등한 것임을 알 수 있습니다. 죄罪는 '그물망罒'과 '아닐 비非'가 모여서 만들어졌습니다. 그물망은 쉽게 빠져나갈 수가 없는 것입니다. 죄를 지은 사람은 그물망에 갇힌 꼴이 되지요. 그런데 벌罰은 '그물 망罒'과 '말씀 언言'에 '칼 도刀'가 더해졌습니다. 그물망으로 잡은 죄인을 말로 타이르거나 칼로 벌한다는 것이지요. 법을 어기고 죄를 지은 사람에게 그물망은 누구는 쉽게 빠져나가고, 누구는 갇히는 것이 아닙니다. 누구든 죄를 지으면 잡히는 것이지요. 그래서 사람은 법 앞에 평등한 것입니다.

법은 사람이 만들어 낸 기준입니다. 그래서 만드는 과정이 복잡하고 엄격해야 합니다. 일부 사람에게만 유리한 법이 만들어지지 않기 위해서입니다. 우리나라의 최고 법인 헌법憲法은 건국과 비슷한 시기에 나라의 기본 이념을 담아 만들어졌습니다. 헌법은 만들 때도, 고칠 때도 국민 투표를 해야 합니다. 헌법이 우리나라 모든 법의 기준이 되기 때문입니다. 헌법을 기준 삼아 법을 만드는 곳은 국회입니다. 국회를 입법부立法府라고 부르기도 하는데 입법立法이 법을 만드는 것이기 때문입니다. 법을 적용하는 것은 사법司法이라고 합니다. 우리나라의 사법부司法府인 법원에서 어떤 문제가 발생했을 때 법에 적합한지, 법에 어긋나는지 등을 판단합니다.

'무법천지無法天地'는 법이 없는 세상을 뜻합니다. 법이 없다면 어떨까요? 하나의 예로 힘센 사람이 도둑질을 한다면 힘없는 사람은 당하게 될 겁니다. 당한 사람은 억울한 마음에 자신보다 더 약한 사람을 공격하려 들 수 있습니다. 무법천지는 상상하는 것만으로도 아찔합니다. 우리 사회는 법을 통해 안전해지는 것입니다.

 **法과 관련된 한자어**

違法(위법)　법을 위반하는 일.
不法(불법)　법을 지키지 않는 것.
犯法(범법)　법에 어긋나는 것.
犯法者(범법자)　법에 어긋나는 일을 한 사람.
適法(적법)　법에 맞는 것.
合法(합법)　법에 합당한 것.
遵法(준법)　법에 따르는 것.
憲法(헌법)　나라의 통치 체제와 기본 원칙을 정한 법.
立法(입법)　법을 만드는 것.
司法(사법)　법을 실제 적용하는 것.
法院(법원)　재판을 진행하는 사법 기관.
法典(법전)　법을 엮어 놓은 책.
手法(수법)　수단과 방법.
便法(편법)　원칙을 지키지 않고 쉽게 일을 해결하기 위해 사용하는 방법.

3장

政

바른 길로 가려는 것

政
정사 정

　　　　　　　　정사政事란 나라 다스리는 일을 말하지. 그래서 '정사 정政'은 '다스릴 정政'이라고도 해. 옛사람들은 나라 다스리는 것에 왜 이런 글자를 쓴 걸까?

　'정사 정政'은 '바를 정正'과 '매질할 복攵'으로 이루어져 있어. '매질할 복攵'은 '매질을 한다' '일을 한다'는 의미라서 정政은 '바르게 한다'는 뜻이 되지. 《논어》에서 한 제자가 공자에게 정치政治가 무엇이냐고 물었어. 공자는 제자에게 이렇게 말했어.

　"정자정야政者正也"

　이것은 '정치란 바르게 하는 것'이란 뜻이야. 공자가 생각한 정치란 나라와 국민을 바르게 하는 것이었지. '바를 정正'은 '한 일一'과 '그칠 지止'가 만났어. '한 일一'은 오직 하나이니 사람이 이르러야 하는 오직 한 길, 바른 길이라고 할 수 있어. 그래서 바르다는 것은 해서는 안 될 짓을 멈추는 거야. 오직 바른 것만 행하는 거지. 정치란 바른 것을 향하고, 바르게 만드는 모든 과정인 거야. 바르게 한다는 것은 바르지 않은 것이 있다면 그것을 바로잡는다는 의미이기도 해서 가끔 치열한 다툼이 있을 때도 있어.

정치는 주로 어디에서 이뤄질까? 나라를 다스리는 일은 오늘날 정부에서 이뤄지고 있어. 정부政府란 나라를 다스리는 통치 기구나 기관을 뜻하는 말이야. 정부에서는 나라를 위한 다양한 정책政策을

행하는데 정책政策은 나라를 위해 시행하는 여러 방법을 뜻하지. 예를 들어 옛날 고려 시대에 '북진 정책北進政策'이란 걸 펼쳤어. 북진 정책은 옛 고구려 땅을 되찾기 위해 온 나라의 힘을 모아 북쪽으로 영토를 넓히기 위한 정책이지.

나라의 정책은 정권政權에 따라 달라지곤 해. 정권政權은 정부를 조직하여 나라 살림을 할 수 있는 권력을 말하지. 옛날에는 왕의 자리가 세습되어 왕의 아들이 정권을 이어받았지만 오늘날에는 선거를 통해 국민의 선택을 받아 정부가 정권을 얻게 되지. 왕이 다스리던 왕정王政 시대의 백성은 왕의 지배를 받는 존재였지만 오늘날에는 그렇지 않아. 오늘날 대부분의 국가들은 공화정共和政을 채택했어. 공화정이란 나라의 주권이 국민에게 있어서 국민으로부터 선택받은 사람이 정권을 갖게 되는 거야. 우리나라 국민이 대통령을 선출하는 것처럼 말이야. 대통령은 자기 마음대로 국민을 지배할 수 없어. 만약 대통령이 정치를 제대로 하지 않는다면 국민의 뜻에 따라 대통령 자리에서 물러나게 할 수도 있지.

그래서 정권을 얻고 정치를 하는 정치가政治家들이 귀담아들어야 할 공자의 말이 또 있단다. 이번에는 공자의 제자 자공이 물었어.

"정치란 무엇입니까?"

"정치란 식량을 풍족하게 하고, 나라를 지킬 군사력을 키우며, 백성의 믿음을 얻는 것이다."

공자는 이렇게 대답했지. 그러자 자공은 다시 물었어.
"만약 이 셋 중 하나를 포기해야 한다면 무엇입니까?"
"군사력이다."
자공은 여기서 멈추지 않고 계속 물었어.
"그럼 나머지 둘 중 하나를 포기해야 한다면 무엇입니까?"
공자는 서슴지 않고 이렇게 대답을 했어.
"식량을 풍족하게 하는 경제력을 포기해야 한다. 사람은 누구나 태어나고 죽게 마련이지만 백성의 믿음 없이 나라는 존재할 수 없다."

공자의 이 말은, 나라가 유지되는 것은 정부와 국민 사이에 믿음 덕분이라는 거야. 정부에 대한 믿음이 없다면 어떤 국민이 세금을 내고, 법을 지키려고 하겠어. 정부는 국민의 믿음을 저버리지 않는 정치를 해야 해. 국민의 믿음이 떠났다면 그 정권은 더 이상 국민을 상대로 정치를 펼칠 수 없을 거야.

그래서 정치가들은 국민의 신뢰를 얻기 위해 많은 노력을 기울이지. 그건 조선 시대에도 마찬가지였어. 조선 왕의 하루는 정말 바쁘게 돌아갔지. 왕의 일과는 새벽 4시부터 시작되었어. 잠자리에서 일어난 왕은 옷을 차려입은 후 대비전으로 문안 인사를 갔어. 웃어른을 찾아서 문안 인사를 드리는 것은 왕이라도 빼놓을 수 없는 일이었지.

아침 문안 인사 후에는 아침밥을 먹고 바로 조강이 이어졌어. 조선의 왕은 학문이나 나랏일을 토론하는 경연을 많이 했는데, 아침에 하는 경연을 조강, 점심에 하는 경연은 주강, 저녁에 하는 경연은 석강이라고 했어. 왕에 따라 경연을 게을리하는 경우도 있었지만, 업적이 많은 왕 대부분은 경연에 열심이었지. 늘 노력하고 소통하는 왕이 결국 나랏일도 잘했던 거야.

1시간 정도 이어지는 조강이 끝나면 관리와 왕이 한자리에 모여 나랏일을 논의했어. 그리고 바로 이어서 왕은 각 부의 관리들을 한 명씩 불러서 보고를 받고 지시를 내렸어. 이 일이 끝나면 왕은 점심을

먹었어. 그리고 다시 주강을 하지. 주강이 끝나면 왕은 나랏일을 위해 지방으로 떠나는 관리, 또 지방에서 한양으로 올라온 관리들을 만나 일을 논의했어.

그다음 일은 군사 업무야. 궁궐을 지키는 군대의 암호는 매일매일 바꿔야 하는데 왕이 그 암호를 이때 정하지. 이렇게 되면 관리들의 퇴근 시간인 5시가 되는데, 왕의 일은 계속 이어졌어. 왕은 일부 관리들과 저녁 경연인 석강을 하고 나서야 저녁밥을 먹지. 저녁을 먹고 나면 저녁 문안 인사를 위해 대비전에 다녀오는데 이것으로 공식적인 일정은 마무리가 돼.

그럼 이제 놀아도 되는 걸까? 왕은 이때부터 '을람'이라 하는 독서 시간을 가졌어. 독서는 9시에서 11시 정도까지 이어지지. 왕의 일과는 나열하는 것만으로도 숨이 찰 정도야. 온 백성을 바른 길로 이끌기 위해서 꼭 필요한 노력이었지. 정조의 경우에는 밤늦게까지 일이 이어져서 아침에 늦잠이라도 자게 될까 봐 침실 근처에 닭을 키웠다고 해. 새벽이면 우는 닭 울음소리에 잠을 쫓으려고 말이야.

그런데 왕만 피곤한 게 아니야. 왕이 되기 위한 교육도 철저해서 세자 자리도 힘들었어. 왕족이라고 해서 그냥 왕이 되는 게 아니었지. 장차 왕이 될 세자가 받는 교육은 오늘날 조기 교육과 다를 바가 없었고, 그 강도를 따지자면 훨씬 더 심했다고 할 수 있어. 이렇게 많은 교육과 훈련을 받는 것은 정치 지도자로서 능력을 쌓기 위한 것이지. 가장 중요한 것은 도덕성이었어. 정치 지도자에게는 보통 사람들과는 비교할 수 없을 정도로 많은 권한이 주어지는데 도덕성이 부족하다면 그건 권한이 아니라 마구 휘두를 수 있는 칼을 쥐어 준 꼴이 되고 말 거야. 그러니 정치가에게 도덕성은 매우 중요한 덕목이야.

그다음 중요한 것은 공감 능력이었어. 정치 지도자가 국민의 생각과 마음을 헤아리는 능력이 부족하면 국민을 위한 정치를 하기가 어려워. 국민의 고통을 함께 느끼지 못하는 사람이 어떻게 고통받는 국민의 눈물을 닦아 줄 수 있겠어. 이건 정치 지도자의 다른 어떤 능력보다 중요한 덕목이지.

그런데 정치는 정치가만 하는 걸까? 고대 그리스의 철학자 플라톤은 '정치를 외면한 가장 큰 대가는 가장 저질스런 인간들에게 지배당하는 것이다'라고 했어. 앞에서 말했듯이 도덕성이나 공감 능력이 없는 정치인을 대통령으로 뽑았다면 그 나라 국민은 고통받을 수밖에 없다는 거야. 정치인을 뽑는 것에서부터 정치 활동에 관심을 갖는 것은 한 나라의 국민으로서 게을리해서는 안 되는 일이지. 이런 생각은 옛날 조선 시대에도 있었단다.

《홍길동전》을 쓴 허균은 '호민론豪民論'이란 글을 썼는데, 호민론에서 허균은 '천하에 두려워할 것은 오직 백성뿐인데 윗자리에 있는 이들은 왜 백성을 업신여기고 가혹하게 부려 먹는가?'라고 했지. 그러면서 허균은 백성을 항민恒民, 원민怨民, 호민豪民으로 나눴어. 먼저 항민은 순종적인 백성으로 나라에 부림을 당하는 사람들이야. 원민은 잘못된 정치의 수탈을 원망을 하긴 하지만 나서지는 않는 사람들이지. 마지막 호민은 사회의 부조리를 보고 참지 않고 일어나 사회 변화를 꾀하는 사람들이야.

허균은 호민에 의해 세상이 변화한다며 호민이 될 것을 주장했어. 허균이 쓴《홍길동전》의 홍길동은 대표적인 호민이라고 할 수 있지. 사람들은 동에 번쩍, 서에 번쩍 하며 탐관오리를 벌하고, 가난한 백성을 돕는 홍길동에 환호했어. 우리라고 홍길동이 되지 말라는 법은 없어. 실제로 우리 역사에는 수많은 의병, 독립운동가 등의 호민이

있었어. 그리고 2016년과 2017년, 광화문 광장에서 촛불을 들었던 수많은 국민들도 잘못된 정치를 고치기 위해 나섰던 호민인 거야.

 우리가 살고 있는 세상은 민주주의民主主義 사회야. 국민이 주인이라는 거지. 그런데 처음부터 그랬던 건 아니야. 민주주의民主主義에 쓰인 '백성 민民'은 한쪽 눈을 날카로운 것으로 찌르는 모습을 본떠서 만들어진 글자야. 옛날에는 전쟁에서 진 포로들의 눈을 찔렀어. 눈을 찔러 앞을 보지 못하면 대항할 수 없으니 완벽한 노예로 부릴 수 있었던 거지. 옛날에 백성이란 이런 존재였어. 하지만 백성의 의미는 점차 달라졌어. 신분 제도를 없애서 신분의 차별이 사라지게 했고, 인간이라면 누구나 존중받을 것을 주장해서 인권이 기본이 되는 사회를 만들었지. 이런 변화는 모두 허균이 말한 호민의 노력으로 가능해진 것들이야.

 우리는 지금 국민이 주인인 세상에 살고 있어. 민주주의의 '민民'은 더 이상 눈을 찔려 앞을 못 보는 노예의 모습이 아니지. 우리는 나라의 주인으로 정치가 바른 곳으로 가고 있는지 살펴야 해. 그래야 국민은 개돼지 같아서 정치인 마음대로 해도 된다고 생각하는 사람들이 사라질 거야. 어린이건 어른이건, 남자건 여자건, 부자건 가난한 사람이건, 국민인 우리가 나라의 주인이라는 걸 잊지 말자.

 으로 배우는 한자어

　나라를 다스린다는 뜻을 가진 '정사 정政'은 두루 많이 쓰이는 한자입니다. 정치가 우리 생활에 많은 영향을 미치기 때문입니다.
　정치政治는 정政이, 같은 의미를 가진 '다스릴 치治'와 만나 만들어진 한자어입니다. 나랏일을 하는 것을 정치政治라고 할 수 있습니다. 정치가 이루어지기 위해서는 정부政府가 필요합니다. 정부는 나라를 다스리는 기관이고, 정부가 나랏일을 할 수 있는 것은 정권政權이 있기 때문입니다. 정권은 국민에 의해 주어지는 권한이지요. 국민은 선거를 통해 나랏일을 할 정치인이나 무리를 선택하고, 국민의 선택을 받아 정권을 가지게 되면 정부가 구성됩니다. 그래서 정부와 국가가 같은 것이라고 생각해서는 안 됩니다. 정부는 국가의 주인인 국민의 선택으로 만들어졌을 뿐입니다. 국가의 주인은 언제나 국민인 것이지요.

정부는 다양한 정책政策으로 나라 살림을 꾸립니다. 정책은 정부가 국가와 국민을 위해 시행하는 여러 방법을 뜻합니다. 하지만 간혹 잘못된 정책을 펼칠 때도 있을 것입니다. 이를 막기 위해 나라 살림을 감시하는 국정 감사國政監査가 행해지기도 합니다. 국정 감사는 행정부에서 이루어지는 나라 살림살이를 국민의 대표인 국회에서 감시하는 것입니다. 국민이 낸 세금이 바르게 쓰이는지, 일은 제대로 하고 있는지 살피는 것이지요.

나라 살림을 이렇게 꼼꼼히 살피는 것은 정부에서 하는 일이 국민의 생활에 큰 영향을 미치기 때문입니다. 옛말에 '가정맹어호苛政猛於虎'라는 것이 있습니다. 이 말은 중국에서 유래했습니다. 공자가 태산 근처에 이르렀는데 어디선가 여인의 울음소리가 구슬피 들려왔습니다. 공자는 제자 자로를 시켜 왜 그리 우는지 알아보라 했습니다. 제자가 울음소리를 따라가 보니 산속에서 한 여인이 울고 있었습니다. 여인의 주위에는 무덤도 있었지요. 자로가 왜 우느냐고 묻자 여인은 남편과 자식이 호랑이에 물려 죽었다고 흐느꼈어요. 시아버지도 호랑이에 물려 세상을 떠났는데 남편과 자식까지 호랑이에게 죽임을 당한 것이지요. 여인은 가족을 잃은 슬픔과 호랑이에 대한 두려움으로 눈물을 흘린 것입니다. 자로는 이 위험한 곳을 떠나라고 말했습니다. 하지만 여인은 그럴 수 없다고 했습니다. 산속에 살면 가혹한 세금에 시달릴 걱정은 없다는 것이었지요. 이 이야기를 전해 들은 공자는 이렇게 말했습니다. 가정맹어호, 즉 가혹한 정치는 사나운 호랑이보다 무섭다고 말이에요. 우리가 '정政'이란 글자를 익히고, 그 의미와 영향을 생각해 볼 이유가 충분한 것 같습니다.

政과 관련된 한자어

政治(정치) 나라를 다스리는 일.
政府(정부) 나라를 다스리는 기관.
政權(정권) 정부를 조직하여 나라를 다스릴 수 있는 권력.
政策(정책) 정치적 목적에 따라 이루어지는 방법.
國政監査(국정감사) 정부가 한 일의 잘못을 감독하고 살피는 것.
苛政猛於虎(가정맹어호) '가혹한 정치는 사나운 맹수 호랑이보다 무섭다'는 뜻의 말.

4장

물 위에 뜬 물풀처럼 고른 것

평평할 평

    찰랑찰랑 잔잔한 물 위로 햇빛이 내려온 모습을 본 적 있니? 반짝반짝 빛나는 것이 보석처럼 아름답지. 사람들은 보석의 반짝임을 귀하게 여겨서 비싼 값을 내고 얻으려 해. 하지만 물과 햇빛이 만드는 반짝임은 있는 그대로 누구나 즐길 수 있는 아름다움이니 보석보다 더 값어치 있는 것이 아닐까 싶어.
 어느 날 사람들은 그 물 위에 뜬 물풀을 보게 되었단다. 너희도 아마 본 적이 있을 거야. 물 위에 뜬 물풀은 어느 하나 도드라진 것 없이 둥둥 떠 있어. 높고 낮을 것 없이 고른 모습이지. 사람들은 그것을 보고 '아! 저것이야말로 고른 것이구나' 한 거야. 그리고 그 모습을 본떠서 글자를 만들었지. 그것이 바로 '평평할 평平'이야.
 평평하다는 것은 도드라지지 않고 고르다는 의미로 평등平等, 공평公平이란 단어를 만들었어. 평등平等은 차별 없이 동등한 것이고, 공평公平은 한쪽으로 치우치지 않은 공정한 것이니 모두 물 위에 뜬 물풀처럼 고르다고 할 수 있지.

사람에겐 누구나 자유롭고 평등하게 살고 싶은 본능적 욕구가 있어. 자유를 빼앗기고, 다른 사람과 차별받으며 살고 싶은 사람은 단 한 명도 없을 거야. 그래서 평등을 지키고 얻기 위한 사람들의 노력은 끊이지 않고 이어져 왔어.

아주 먼 옛날 인간은 자연 속에서 높고 낮은 신분 없이 어울려 살았어. 나무에 열린 열매를 따 먹고, 물고기를 잡아먹으며 하루하루

평평할 평

를 살았지. 그러다 농사를 짓게 되었어. 자연에 의존하던 사람이 자연을 일구며 살게 된 거야. 그런데 농사를 짓기 시작하면서 인간 사회에는 계급이라는 것이 만들어졌지.

농사 기술의 발달로 농작물 수확이 늘어나면서, 무리에서 힘이 세거나 영향력을 가진 사람이 먹고 남은 농작물을 더 가져갔어. 힘과 영향력을 발휘했던 사람이 경제력까지 차지하면서 무리를 지배하는 힘이 더욱 강해졌지. 그리고 그 힘을 바탕으로 인간 사회에 계급을 만들었어. 지배하는 사람과 지배당하는 사람이 생겼고, 이것이 제도화되어 신분 제도가 된 거야.

당시 사람들은 신분 제도에 따라 태어나면서부터 신분이 정해졌고, 신분에 따라 차별을 받았어. 신분제는 평등을 가로막는 가장 강력한 장애물이었지. 낮은 신분의 사람들은 이 제도를 없애기 위해 목숨을 내놓고 맞섰어. 노예나 노비들이 벌인 반란이 역사에 많이 등장하는 걸 보면 차별을 받는다는 것은 목숨을 내놓을 정도로 참기 어려운 울분이었던 거야. 그 결과, 오늘날 신분 제도는 사라졌어. 하지만 지금도 사회적 약자와 강자의 구조는 여전히 남아 있어. 그래서 평등이라는 가치는 여전히 간절하지.

그런데 약자만 평등을 외쳐서는 진정 평등한 사회를 만들기 힘들어. 고대 철학자 아리스토텔레스는 '평등과 정의를 추구하는 것은 언제나 약자들이다'라는 말을 했어. 역사에서 신분제를 없애기 위해 목숨을 걸고 싸웠던 사람은 노비와 천민 같은 낮은 신분의 사람들이었어. 이들의 싸움을 돕는 왕이나 귀족이 있었다면 신분제는 더 빨리 없어졌을 거야.

그래서 오늘날 우리에게 필요한 것이 정의로움이야. 정의正義는 사람이 지켜야 하는 바른 도리를 말해. 신분제를 만들어서 아무 노력도 없이 특권을 누리는 것은 바른 일이 아니야. 낮은 신분을 정해 두고 차별하는 것도 사람으로서 해서는 안 되는 일이지. 자신이 직접 당한 손해가 아니더라도 평등하지 않은 상황을 고치는 일에 나서고, 공정한 경쟁을 위한 노력을 기울이는 것이 바른 도리지.

다리가 불편한 장애인과 멀쩡한 비장애인이 같은 출발선에 서서 달리기를 한다고 생각해 볼까? 이제 막 몇 발짝을 떼기 시작한 어린아이와 어른이 달리기 시합을 한다고 생각해 볼까? 건장한 근육질

공정한

의 남성과 왜소한 여성이 달리기 시합을 한다고 생각해 볼까? 노인과 청년이 달리기 시합을 한다고 생각해 볼까? 우리는 이 달리기 경주를 보며 어떤 생각이 들까? 말도 안 되는 경주라는 생각이 들 거야. 그런 경기를 제안한 사람을 보며 우리는 야유를 퍼부을지 몰라. 그건 사람이 할 바른 도리가 아니니까. 그래서 사람들은 자신이 직접 불공정한 달리기 시합에서 뛰지 않더라도 도리에 어긋나는 행동을 함께 고치려는 노력을 하지. 이것이 정의야. 사람들이 정의로움을 가슴에 품을 때 평등은 약자만의 외침이 되지 않아. 정의를 통해 진정 평등한 삶을 살 수 있는 거야.

그런데 정의롭고 평등한 사회는 그저 마음만 먹으면 가능한 걸까? 존 롤스라는 철학자는 평등한 사회를 만들기 위해 함께 생각하고 실천해야 할 몇 가지를 제안했어.

그 첫 번째는 '운의 중립화'야. 사람은 자신이 어떤 조건으로 태어

나게 될지 절대 알 수 없어. 당연히 선택할 수도 없지. 남자일 수도 있고, 여자일 수도 있으며, 힘이 셀 수도 있고, 약할 수도 있어. 부모가 부자일 수도 있고, 가난할 수도 있으며, 겉모습이 잘생길 수도 있고, 못생길 수도 있지. 많은 사람들이 태어나면서부터 잘나고, 부자였으면 하고 바라지만 이런 조건들은 운처럼 우연히 주어지는 것들이지. 그래서 이것을 기준으로 차이를 두거나 평가를 하는 것은 옳지 않다는 거야.

'운의 중립화'에 이어 존 롤스는 두 번째로 '무지의 장막'이 필요하다고 했어. 무지의 장막은 그 사람이 가진 성별, 피부색, 외모 등의 조건을 모르게 막는 거야. 예를 들어 음악 오디션을 볼 때 장막 뒤에서 노래를 하거나 연주를 해서 평가를 받는 식이지. 심사위원은 그 사람의 피부색, 생김새, 나이, 학력, 집안 사정 등을 모른 채 연주 실력만을 평가하는 거야. 평등한 사회를 이루기 위해서는 번거롭더라도 이런 방법들이 필요한 거야.

세 번째는 정의의 원칙을 지키는 거야. 모든 사람은 언론·사상·종교·신체의 자유 등의 기본적인 자유와 평등의 권리를 가져야 해. 그리고 모든 사람에게 고른 기회가 돌아가도록 사회적 약자를 배려하는 거지. 여기에서 눈여겨볼 것은 사회적 약자를 배려해서 기회가 고르게 돌아가게 하는 거야. 우리 사회에는 기본적으로 경쟁이 존재해. 사람들은 경쟁을 통해 돈과 권력을 얻지. 그래서 학교에서도 회

사에서도 경쟁을 해. 그런데 왜 사회적 약자에게는 기회를 주고 배려를 하라는 걸까? 이것은 앞서 이야기한 달리기 시합과 비슷해. 약자를 배려하지 않은 경쟁은 공정하지도 정의롭지도 않은 거지.

기회의 균등은 매우 중요해. 정의로운 사회, 평등한 사회를 위해서는 고른 교육의 기회가 주어져야 해. 돈이 많은 사람은 공부할 수 있고, 가난한 사람은 돈이 없어서 공부할 기회가 없다면 그건 신분제 사회와 다를 것이 없어. 그래서 우리나라는 초등학교와 중학교까지를 의무 교육으로 정해서 국가의 세금으로 공부할 수 있게 하고 있어. 하지만 이 정도로는 아직 만족할 수준이 아니야. 고른 교육 기회는 점점 더 확대되어야겠지.

그리고 장애가 있거나 가난한 사람을 위한 생활 자금 지원과 의료 혜택, 세금 혜택 등의 제도가 있는데 이것 역시 정의롭고 평등한 사회를 위한 제도들이야. 어려운 사람을 배려하여 같은 출발점에 설 수 있도록 돕는 것이 정의이며, 그것을 통해 평등한 삶에 가까워지기 때문이지.

유교 경전인 《서경》에는 '무편무당왕도탕탕無偏無黨王道蕩蕩 무편무당왕도평평無偏無黨王道平平'이란 내용이 있어. '편이 없고 당이 없으면 왕의 길이 넓고, 편이 없고 당이 없으면 왕의 길이 평평하다'는 뜻이야. 편을 나누고 당으로 무리지어 차별하지 않으면 왕이 하고자 하는 일이 넓고 평평해서 나라가 안전하다는 뜻이지.

그래서 조선 시대 영조 왕은 '탕평책蕩平策'을 펼쳤어. 탕평책은 서로 다른 정치 세력을 고르게 국가 관리로 기용해서 나라의 통합을 이루려는 정책이었지. 당시 조선은 노론, 소론, 서인, 남인 등 여러 정치 세력으로 나누어져 있었고, 각 정치 세력은 각자의 주장만을 내세우며 다투곤 했어. 상황이 이렇다 보니 한 정치 세력이 국가 권력을 쥐면 다른 정치 세력이 도전하지 못하게 모조리 귀향을 보내거나

죽이는 일이 생기곤 했어. 그래서 조선의 정치판은 살얼음판을 걷는 것처럼 불안한 상황이었지.

이런 현상은 지금 현실에서도 마찬가지로 일어나고 있어. 고르지 못하고 한쪽으로 쏠리게 되면 사회에는 갈등이 생기게 되지. 세상에는 절반이 남자고, 절반이 여자야. 그런데 그 절반인 여성들은 자신의 머리 위에 유리 천장이 있다고 느껴. 투명해서 잘 보이지는 않지만 여성의 성장을 가로막는 천장이 있다는 뜻이야. 실제로 같은 일을 해도 여성은 남성보다 월급이 적고, 승진을 할 때도 여성이라는 이유로 남성보다 뒤처지는 일이 생기곤 해. 이것은 심각한 차별이지. 여자라서, 피부색이 달라서, 장애가 있어서, 나이가 어리거나 많아서, 국적이 달라서 등의 이유들이 아직도 차별을 만드는 조건이 되고 있는 거야.

만약 학교에서 선생님이 몇몇 아이들만 예뻐하고 차별한다면 어떨까? 학교생활이 즐겁지 않을 거야. 동생이 잘못했는데도 엄마가 늘 동생 편만 든다면 동생이 더 미울 거야. 그러면 아마 동생이랑 사사건건 다툴지도 모르지. 이렇게 고르지 못한 것은 다툼이 되고, 분노를 키울 때가 많아. '평평할 평平', 모두에게 고른 세상을 만드는 것이 즐겁게 어울려 사는 방법임을 잊지 말자고.

 으로 배우는 한자어

　평平은 물 위에 뜬 물풀을 보고 만들어진 글자라고 전해집니다. 수면에 잎을 맡긴 물풀은 잔잔하고 고른 모습입니다. 그래서 평平은 '평평하다' '고르다'는 의미를 가집니다. 이런 의미는 이후 평등平等, 공평公平, 평지平地, 평야平野 등의 단어를 만들었습니다. 평등平等은 차별 없이 고른 것을 말합니다. 무리에 높고 낮은 등급이 없는 것입니다. 공평公平은 평평하여 어느 쪽으로도 기울어지지 않은 공정함을 말합니다. 그리고 평지平地와 평야平野는 고른 땅과 고른 들을 뜻하지요. 평지에 거센 바람이 부는 것을 '평지풍파平地風波'라고 하는데 이는 평안한 상태에서 갑자기 큰일이 닥친 것을 뜻합니다.
　평평하고, 고른 것은 울퉁불퉁하지 않아 편안하기도 합니다. 그래서 이런 의미를 통해 만들어진 말들도 많습니다. 평화平和는 평온하고 화목한 것입니다. 평범平凡은 특별히 뛰어나지 않은 보통 상태를 뜻하는 말로, 평범하기 때문에 편안한 느낌을 주는 말입니다.

나라의 평안을 고민했던 조선의 왕 정조가 머무는 방은 '탕탕평평실蕩蕩平平室'이라고 불렸습니다. 관리들이 각자 정치 세력을 나눠서 싸우는 것을 막기 위해 정조의 할아버지인 영조는 '탕평책蕩平

平과 관련된 한자어

平等(평등)	차별 없이 고른 것.
平凡(평범)	뛰어난 것 없이 보통인 상태.
平和(평화)	평온하여 화목한 상태.
平地(평지)	고른 땅.
平野(평야)	고른 들.
公平(공평)	치우침 없이 공정한 것.
平均(평균)	각각 다른 양이나 질을 고르게 한 것.
平民(평민)	계급 사회에서 벼슬이 없는 백성.
蕩平策(탕평책)	조선 시대 영조가 고른 관리 기용을 통해 정치 세력의 다툼을 막으려 한 정책.
太平聖代(태평성대)	나라의 혼란이 없어 백성이 모두 평안하게 지내는 시대.
平地風波(평지풍파)	평평한 땅에 거센 바람과 물결이 이는 상태로, 평온한 상태에 갑자기 큰일이 닥친 것을 의미하는 말.

策'을 써 왔습니다. 정조는 할아버지의 뜻을 잠을 잘 때도 잊지 않으려 자신의 방을 탕탕평평실로 불렀던 것입니다. 관리를 고르게 쓰고, 백성의 삶을 평범하게 하는 것이 태평성대太平聖代를 이루는 길이라 여겼기 때문입니다. 정조처럼 탕탕평평실에서 잠들지 않더라도 공평함은 모두의 마음속에 자리해야 할 것입니다.

5장

異

다르고 낯선 것, 그러나 틀리지 않은

異
다를 이

'이것과 저것이 서로 다르다'라고 할 때 '다를 이異'를 쓰지. '다를 이異'는 귀신 탈을 쓴 사람이 양손을 높이 쳐든 것에서 시작되었다고 해. 귀신 탈이라, 그 모습이 어떻게 보였을까? 흔히 볼 수 없는 진귀한 모습이었을 거야. 주변의 것과는 많이 다른 모습 말이야. 그래서 그 모양을 본떠 '다를 이異'로 삼았지.

글자는 세월이 흐르며 변하고, 간결하게 다듬어지곤 하는데 이후 '다를 이異'는 '밭 전田'과 '한가지 공共'을 합한 글자로 다듬어졌지. 탈을 쓴 사람이 손을 들고 있는 듯한 모습을 이렇게 담아 놓은 거야.

이렇게 '밭 전田'과 '한가지 공共'이 만나고 나니 새로운 해석도 가능해졌어. 밭은 농사를 짓는 터전이야. 농사를 지을 때는 여러 사람이 어울려 일하곤 하지. 제때 씨를 뿌리고, 김을 매지 않으면 농작물을 잘 키울 수 없다 보니 서로서로 농사일을 돕기 때문이야. 농사를 위해 여럿이 모이면 어떤 일이 벌어질까? 서로 다른 의견들이 나오겠지. 사람마다 생각이 다를 수 있으니까. 옛사람들은 여럿이 어울리는 곳에는 다름이 있을 수밖에 없다는 걸 '다를 이異'를 통해 알려주었지.

'다를 이異'가 쓰인 말에는 이견異見, 이의異議, 차이差異 등이 있어. 이견異見과 이의異議는 서로 다른 의견, 다른 주장을 뜻해. 이것은 일치하지 않는 생각의 차이差異에서 시작되지. 이런 차이는 매우

정상적이고, 당연한 거야. 사람은 생김새, 생각하는 방법, 사는 방법, 처한 상황 등이 모두 제각각이야. 나 자신조차도 어제의 나와 오늘의 내가 다르잖아. 다름을 인정하는 건 세상을 살아가는 출발점이라고 할 수 있지.

그런데 사람들은 '다르다'는 말을 '틀리다'로 잘못 사용할 때가 있어. '흑인은 백인과 피부색이 틀리다'고 말하면 어떤 뜻이 될까? 혹은 '왼손잡이는 오른손잡이와 근육의 발달 정도가 틀리다'라고 말한다면? '틀리다'는 말은 옳고 그름, 맞고 틀림을 다툴 때 쓰는 말이야. 그러니까 이 말들은 흑인과 왼손잡이가 옳지 않다는 의미를 담은 말이 돼. 피부색과 주로 사용하는 손이 '다른' 것을 '틀리다'고 했으니 말에 차별의 의미가 담긴 셈이지. 이럴 때는 '흑인은 백인과 피부색이 다르다' '왼손잡이는 오른손잡이와 근육의 발달 정도가 다르다'고 말해야 해. 피부색과 주로 사용하는 손은 서로 다를 뿐 옳고 그름, 맞고 틀림의 문제가 아니니까.

사람마다 다른 생각과 감정을 가지고 있다는 것을 통해 주장할 수 있는 것은 '자유'야. 사람은 서로 다르기 때문에 자신의 자유를 주장할 수 있어. 인간에게 자유는 본능처럼 중요해. 19세기 영국 철학자 존 스튜어트 밀은 《자유론》을 통해 인간이 가진 자유에 대해 설명했어.

첫째, 인간은 마음속 생각과 감정에 자유가 있다고 했어. 어떤 생각을 하건, 어떤 감정을 품건 설사 그것이 양심적이지 않더라도 개인의 자유라는 거지.

둘째는 자신이 좋아하는 것을 즐기고, 표현할 자유가 있다고 했어. 사람마다 좋아하는 음식이 있고, 좋아하는 색깔이 있는 등 취향이라는 것이 있지. 사람에게는 자신이 원하는 것들을 즐기고, 누릴 자유가 있어.

셋째는 사람은 어떤 목적을 위해 자유롭게 모임을 가질 수 있어. 이것을 '결사의 자유'라고 하는데 뜻을 같이하는 사람들이 촛불을 들고 광장에 모인 것은 결사의 자유에 해당하지. 그래서 우리나라는 거리 집회의 경우 미리 신고를 하고, 허가를 받고 하면 법적으로 아무 문제가 되지 않아.

그런데 이 모든 자유에는 제한 사항이 있어. 자유를 누릴 때 다른 사람에게 피해가 되지 않아야 한다는 거야. 자신의 생각을 표현하겠다고 다른 사람을 향해 욕을 퍼붓고, 폭력을 가한다면 그건 자유로 인정받을 수 없어. 자유를 누리려면 다른 사람의 자유를 존중해야 하고, 피해를 끼치지 않아야 하지. 그래서 폭력적인 시위는 경찰의 제재를 받는 거야. 심한 경우에는 법의 심판을 받을 수도 있고 말이야. 그래서 존 스튜어트 밀은, 개인의 자유는 절대적으로 지켜져야 하지만 다른 사람에게 피해를 끼친다면 그 피해를 막기 위해서 국가 권력을 사용할 수 있다고 덧붙여 설명했지.

존 스튜어트 밀이 말한 국가 권력을 사용한 자유의 제한은 인간의 자유를 억압하기 위해서가 아니라 결국 안전하게 자유를 보장하기 위한 거야. 그런데 우리의 국가 권력은 그 의미를 제대로 실천했을까?

인간은 누구나 자신만의 생각과 감정이 있어. 그리고 그것을 표현하고자 하는 욕구를 가지고 있지. 그 욕구는 때때로 예술 활동을 통해 이루어지곤 해. 노래를 부르고, 그림을 그리고, 글을 쓰는 것 등으로 말이야. 이것을 '표현의 자유'라고 해. 그런데 한때 우리나라에는 예술가들의 활동을 국가에 미리 검사를 받는 엄격한 검열 제도가 있었어. 검열을 통과하지 못하면 책이나 노래 같은 예술 작품을 세상에 발표할 수 없었지. 정부는 자신들의 정책에 맞는 예술 작품만 인정을 하고, 다른 예술 작품은 세상에 나오지 못하게 막았어.

이런 노골적인 억압뿐 아니라 정부는 자신들의 입맛에 맞지 않는 예술가들의 활동을 지원하지 않는다든가 막아서 '창작의 자유'를 제한하기도 했어. 창작의 자유가 제한된 사회에서 인간의 생각과 감정은 자유롭기 어렵지.

다름을 인정하지 않고, 심지어 다른 것을 없애 버리기 위한 일 중에는 '선동煽動'도 있어. 선동이란 남을 부추겨서 어떤 일을 하게 하는 거야. 세상이 혼란할 때는 거짓말이 진실처럼 여겨질 때도 있는데 이것은 일부 사람들의 선동 때문이지. 독일의 히틀러는 국가 권력을 쥐고 국민을 선동하는 데 열을 올렸어. 히틀러 옆에는 뛰어난 선동꾼도 있었지. 선동꾼 역할을 한 사람은 독일의 선동부장 괴벨스였어.

괴벨스는 '나한테 한 문장만 주면 누구든 범죄자로 만들 수 있다'고 말하곤 했어. 그건 선동이 가진 힘을 말하는 것이었지. 괴벨스는 작은 일은 과장하고, 이미 지난 일을 방금 일어난 일인 것처럼 포장하는 등 다양한 선동 방식을 썼어. 무엇보다 거짓을 진실인 듯 자꾸

말해서 사람들을 현혹시켰지. 괴벨스에 의하면 대중은 한 번 말하면 거짓임을 알 수 있지만 두 번 말하면 '진짠가?' 하는 의심을 품고, 세 번 이상 말하면 더 이상 의심하지 않고 믿는다는 거야. 이런 방법으로 국민들의 생각을 통제하는 거지.

다름을 인정하지 않고, 다름을 없애 버리려 선동을 일삼은 사회는 어떤 모습이 되었을까? 예술 검열이 활발했던 시절에 우리 사회는 매우 어두웠어. 사람들은 자신의 생각을 들킬까 봐 두려워했어. 그러다 보니 우리 문화는 제대로 자리 잡지 못했어. 당시 젊은이들은 우리 문화보다는 외국 영화와 음악에 열광했지. 또 자유로운 의견 교환이 되지 않으니 민주주의가 발달하지 못했어. 다름이 인정되지 않는 사회에 사는 국민은 공포와 불안을 느꼈지.

선동에 휘둘린 독일은 어떻게 되었을까? 독일 국민은 어리석은 선택을 하고 말았어. 1939년 제2차 세계 대전을 일으켰고, 히틀러에 의해 600만에 이르는 대학살이 벌어졌어. 한 사회, 한 나라의 불행이 아니라 전 세계적인 불행이 닥친 거야. 다른 생각을 품지 못하게 부추기는 선동은 정말 위험한 일이지.

과거의 이야기를 하지 않더라도 요즘 우리 사회 또한 다름에 대한 고민을 많이 하고 있어. 그런 고민은 세계인이 한 가족처럼 어울려 사는 세상이 되면서 더 깊어졌지.

우리나라는 예로부터 단일 민족이라는 자부심을 드러내곤 했어.

　　　　　　　우리 민족은 우수하다고 자부했고, 우리 민족이 똘똘 뭉쳐야 한다고도 생각했지. 그런데 이제 우리 사회는 우리 민족만 어울러 살고 있지 않아. 우리나라 사람들이 다른 나라에 뿌리를 내리고 사는 것처럼 다른 나라 사람들도 우리나라를 찾고 있지. 이런 일은 교류가 활발해지면서 지구 어디에서건 이뤄지는 일이야. 외국인은 더 이상 이방인異邦人이 아니라 함께 어울러 사는 평범한 이웃인 거지.

　그런데 생김새가 다르고 쓰는 말이 다르고, 종교와 문화가 다르다는 이유로 외국인을 차별하는 일이 종종 있어. 우리나라 사람들이 유색 인종이라는 이유로 외국에서 차별받는 이야기를 들을 때면 분하고, 억울한 느낌이 들지? 우리나라에서도 외국인을 차별하는 일이 꽤 많다고 해. 피부색이 검다는 이유로 조롱 섞인 말을 뱉고, 이슬람

교를 믿는다는 이유로 테러리스트 취급을 하는 식으로 말이야. 또 요즘에는 외국인과의 결혼으로 다문화 가정을 이루는 경우가 많은데 다문화 가정 역시 비슷한 어려움을 겪고 있어. 모두 서로 다르다는 것을 인정하지 않아서 생기는 일들이지.

 다름을 인정하지 않아서 차별이 심해지면 세상에는 크고 작은 사고도 일어나. 미국에서는 인종 차별에 분노한 사람이 무차별 총격을 가해 사람이 죽는 끔찍한 사고가 여러 차례 있었어. 차별로 분노가 가득한 사회는 누구 한 사람만 위험에 빠뜨리는 게 아니야. 모두가 위험해지지.

 우리가 사는 세상은 이제 한 도시, 한 나라에 머물지 않을 거야. 지구촌이란 말처럼 지구가 한 마을처럼 가까워지고 있지. 더 넓은 세상에서 자유를 누리고 평화롭게 살기 위해서는 다름을 인정하고, 포용하는 자세가 필요해. 프랑스에서는 '톨레랑스(tolérance)'를 중요한 가치로 여겨. '톨레랑스'는 자신과 다른 종교, 생각을 가진 사람을 인정하는 마음이야. 나와 다르다고 해서 배척하는 것이 아니라 그 사람이 가진 그대로를 인정하는 거지. '다를 이異', 다르다고 이상하게 보지 말고, 나와 다른 사람을 톨레랑스의 마음을 가지고 따뜻한 관심으로 대하는 게 어떨까?

 로 배우는 한자어

　'다를 이異'는 진귀한 모양의 탈을 쓴 사람이 양팔을 벌리고 있는 모습을 본떠서 처음 만들어졌습니다. 이후 '밭 전田'과 '한가지 공共'이 만나 오늘날의 모습이 되었는데 여전히 진귀한 탈을 쓴 사람이 양팔을 들어 올린 모습이 남아 있습니다. 이런 모습을 통해 사람들은 다르다는 의미를 깨닫고, 생각합니다. 사람마다 생각이 다르다는 사실을 인정하고, 그 사람이 처한 상황을 헤아려 다름을 인정하는 것입니다.

　다름을 나타내는 또 다른 말은 차이差異입니다. 차이差異는 '다를 차差'와 '다를 이異'가 만난 말입니다. 하나로 일치하지 않는 다름을 뜻하지요. 이런 차이는 '서로 다른 생각과 주장'을 만들어 냅니다. 이견異見과 이의異議입니다. '나와 다른 생각', 이견異見을 내비치는 사람에게 '다른 주장', 이의異議를 펼칠 수 있는 것입니다.

사람들은 '다를 이異'를 통해 다양한 다름이 있음을 표현합니다. 이방인異邦人은 다른 나라 사람을 뜻합니다. 그래서 언어, 풍속, 사고방식이 다른 사람을 '이방인'이라고 하지요. 돌연변이突然變異는 생물학적으로 기존에 없던 새로운 형질이 나타나는 것을 뜻합니다. 부모를 닮지 않은 행동을 할 때 돌연변이 같다고 말할 때가 있지요.

'다를 이異'는 여러 사자성어에도 쓰입니다. 옛날 중국의 선비들은 뜻을 같이하는 사람들끼리 무리를 이루었습니다. 이들을 당인黨人이라고 했습니다. 그런데 당인들은 똘똘 뭉쳐 다른 뜻을 가진 자

異와 관련된 한자어

差異(차이)　서로 다른 것.
異見(이견)　견해가 다른 것.
異議(이의)　다른 주장, 다른 의견이나 논의.
異邦人(이방인)　다른 나라 사람. 풍속과 언어, 사고방식이 다른 사람.
突然變異(돌연변이)　생물학적으로 부모와 다른 형질이 나타나는 것.
同床異夢(동상이몽)　같은 자리에서 다른 꿈을 꾸는 것.
異口同聲(이구동성)　여러 사람이 한목소리를 내는 것.
黨同伐異(당동벌이)　생각이 같은 무리가 모여 옳고 그름은 따지지 않고 다른 생각을 공격하는 것.

를 공격했습니다. 이를 두고 '당동벌이黨同伐異'라고 합니다. 당동벌이는 정치적으로 무리를 지켜 내기 위한 것이기도 하고, 무리의 힘을 키우기 위한 것이기도 했습니다.

당동벌이를 위해 사람들은 이구동성異口同聲을 하기도 합니다. 이구동성은 다른 여러 개의 입이 한소리를 내는 것입니다. 많은 사람이 같은 주장을 한다는 뜻이지요. 당동벌이는 이구동성을 통해 이루어지는 것입니다.

하지만 같은 뜻의 무리만 옳다고 주장하고 나머지를 배척하는 행동은 사회 전체를 볼 때 바람직하지 않은 행동입니다. 당동벌이로 사회를 분열시킬 수 있기 때문입니다. 당동벌이보다는 사회 정의를 위한 이구동성이 가치 있습니다.

6장

任

짐을 진 사람의 자세

任
맡길 임

'맡길 임任' 자는 '사람 인人'과 '짊어질 임壬'이 만나서 만들어졌지. '사람 인人'이 뜻을 나타내고, '짊어질 임壬'에서 소리를 가져왔어. 그래서 '맡길 임任'은 사람이 짊어져야 하는 일, 즉 그 사람에게 맡겨진 책임을 뜻하게 되었지.

세상에는 임任으로 만들어진 여러 가지 말이 있어. 임기任期는 일을 맡긴 기간을 뜻하고, 임명任命은 책임 맡을 것을 명하는 거야. 퇴임退任은 맡은 일에서 물러나는 거고, 취임就任은 맡은 자리에 오르는 것을 뜻하지. 이런 말들은 모두 일을 맡기는 것, 책임責任과 관련이 있지. 그래서 임명을 받아 취임하게 되면 퇴임하는 임기까지 무거운 책임감을 가지고 일을 해야 해.

그런데 왜 무거운 책임감責任感이 필요한 걸까? 책임責任은 '꾸짖을 책責'과 '맡길 임任'이 만난 말이야. 일을 맡기고 꾸짖는 거지. 맡겼다는 것은 내가 가진 것을 다른 사람에게 일시적으로 주었다는 거야. 그리고 내가 할 일을 대신하도록 했다는 의미지. 그래서 맡김을 받은 사람에게는 그 일을 할 수 있는 권리와 해야 하는 의무가 함께 주어져. 권리를 갖는 건 힘이 주어지는 거라서 기분 좋을지도 몰라. 하지만 권리의 크기에 따라 의무도 커지게 마련이야. 그리고 의무를 다하지 못할 때는 꾸짖음이 따라오고.

책임을 맡은 사람이 한 일은 자신에게만 영향을 미치는 것이 아

人 + 壬 = 任
사람 인　짊어질 임　맡길 임

니야. 일의 결과는 여러 사람에게 영향을 미치지. 예를 들어 모둠별로 로봇 모형을 만드는 숙제가 있어서 내가 대표로 모형을 사기 위해 돈을 거뒀어. 그런데 아이스크림이 먹고 싶어서 그 돈을 일부 써 버리고 말았지. 그래서 원래 사려던 재료를 사지 못하는 바람에 제대로 숙제를 하지 못했어. 이런 경우, 그 모둠은 어떻게 될까? 제대로 숙제를 해내지 못한 피해는 모둠 아이들 모두에게 돌아갈 거야. 자신에게 주어진 책임을 하기 싫다고 해서 피하고, 떠넘기면 그 피해는 도미노처럼 이어지지. 또 책임을 맡기면서 준 권한을 엉뚱한 데 쓰거나 제대로 사용하지 않으면 권한을 준 사람들에게 꾸짖음을 받을 수 있어. 책임을 다하지 않을 때 따르는 비난과 불이익은 당연한 셈이지.

  사람은 누구나 나름의 책임을 가지고 살고 있어. 거창하지 않은 것이라도 각자의 책임을 다할 때 사회가 안전하게 유지될 수 있지. 사회의 작은 단위인 가정에서의 책임만 살펴봐도 책임을 다하는 일의 중요성을 알 수 있어. 만약 우리 집이 이사를 한다면 가족은 각자 구역을 나눠서 정리하는 책임을 지게 될 거야. 엄마가 주방 살림을 맡아서 정리한다면, 아빠는 거실 정리를 하고, 아이들은 각자의 방을 정리하는 식으로 책임을 나눌 수 있지. 그런데 이 가운데 한 사람이 책임을 다하지 않고 혼자 놀고 있다면 어떨까? 가족들은 책임을 다하지 않은 사람을 못마땅해할 거야. 아마 이삿날 자장면 먹을 자격이

없다고 할지도 몰라. 음, 그러면 즐거운 식사 시간이 되기 힘들겠지?

한자를 보다 보면 가족 속에서 각자 맡은 책임이 무엇인지도 알 수가 있어. 글자가 만들어진 시대와 오늘날의 상황은 많이 달라졌지만 지금까지 이어지는 생각들도 있지.

'아비 부父'는 돌도끼를 든 모습을 닮은 글자라고 전해지고 있어. 먼 옛날 돌도끼를 든다는 것은 어떤 의미였을까? 경제 활동을 한다는 것이지. 돌도끼는 사냥을 하는 데 유용하게 쓰인 도구니까. 아버지는 옛날부터 가족의 생계에 큰 역할을 하는 사람이었던 거야. '아비 부父'는 '오른손 우又'에 막대가 붙어서 만들어졌다고도 해. 오른손에 막대를 들었다는 거야. 이건 어떤 의미일까? 손에 든 막대는 회초리인 거야. 자식 교육을 엄하게 하는 것이 아버지라고 생각한 거지.

그럼, 어머니의 역할은 무엇이었을까? '어미 모母'는 엄마가 아기에게 젖을 먹이는 모습을 본떠서 만들어진 글자야. 젖을 먹여 지극히 자식을 키우는 것이 엄마의 중요한 역할이었던 거지. 글자에서 사랑이 전해지는 거지.

엄마, 아빠를 알아보니 아이의 역할도 궁금하지? '아이 동童'을 통해 알아볼까? '아이 동童'은 마을을 뜻하는 리里와 '설 립立' 자가 만나서 만들어졌어. 마을에 서서 뛰어노는 존재가 아이들이라고 생각한 거야. 아이가 아이답게 자라기 위해서는 씩씩하게 뛰어놀아야 해. 이게 한자가 아이들에게 준 책임이지. 참 맘에 드는 책임이지?

개인의 책임을 따져 보았으니 오늘날 우리 사회에 필요한 책임도 고민해 볼까? 사회에 무거운 책임감을 가져야 하는 무리는 우리 사회의 리더 역할을 하는 사람들이야. 정치가도 이에 속하지.

1592년, 임진년. 바다 건너 왜 나라가 조선에 쳐들어왔어. 임진왜란이 벌어진 거야. 왜의 상황을 살피고 있던 일부 관리들은 왜가 쳐들어올 거라며 군대를 키워 대비하자고 했지만 조선의 선조 임금은 그 말을 무시해 버렸어. 그래서 왜의 공격에 조선은 속수무책으로 당하게 되지. 왜군은 무서운 속도로 한양으로 올라왔어. 급기야 선조는 궁궐을 버리고 피난을 가기로 해. 피난을 떠나려는 왕에게 백성들은 우리를 버리고 어디로 가시느냐고 막았지. 그러자 선조는 백성들의 눈을 피해 궁궐을 떠났어. 세상을 호령하던 왕이 도둑놈처럼 몰래

도망가는 꼴이었지. 국경선에 이른 선조는 국경선을 넘어 중국까지 가겠다고 했어. 왜군이 중국까지 공격하지는 못할 테니 더 안전할 거라고 생각한 거지. 왕으로서 지어야 할 책임은 선조의 머릿속에 없던 거야. 백성들의 배신감은 이만저만한 것이 아니었지.

　이런 비슷한 일은 1950년에도 있었어. 1950년 6·25전쟁이 일어나자 이승만 대통령은 서울 시민들에게 안심하고 서울에 있으라고 당부했어. 정부도 서울 시민과 함께 서울에 머물 것이라며 말이야. 하지만 이건 거짓말이었어. 이승만 대통령은 미리 이 말을 녹음해 두고 자신은 한강 다리를 건너 피난을 갔지. 그리고 북한군이 한강을 넘는 것을 막겠다며 몇 시간 후 기습적으로 한강 다리를 폭파시켰어. 선조와 이승만 대통령의 무책임한 행동이 백성과 국민들에게 어떤 영향을 미쳤을지는 상상하고도 남아.

오늘날 사회는 정부에 의해서만 움직이는 건 아니야. 여론도 사회에 많은 영향을 미치지. 그래서 여론을 이끄는 언론의 역할이 중요해. 언론의 중심에는 취재하고 기사를 쓰는 기자들이 있어. 기자들은 각 분야를 나눠서 정치, 경제, 문화, 생활 등 사람들의 삶 구석구석의 이야기를 다루지. 정치인이 국민을 대신해 나라 살림을 한다면 기자는 대중을 대신해서 세상일에 질문하는 사람들이야. 정부를 향해, 기업을 향해 다양한 질문을 하고 그 실체를 보도하는 거지. 그런데 기자들이 자신의 책임을 다하지 못할 때 여론은 엉뚱한 방향으로 흘러가게 돼. 언론이 진실의 편이 아니라 힘센 권력자의 이익만 편든다면 어떤 일이 벌어질까? 진실을 주장하는 사람은 권력에 의해 쉽게 억압받게 되는 거지.

그럼, 우리 사회는 리더나 언론이 책임을 다하지 않을 때 속수무책으로 정의를 지킬 수 없는 걸까? 그렇지 않아. 시민이 시민의 책임을

다할 때 세상은 제대로 유지되고, 잘못된 일은 바로 잡을 수 있어. 그래서 우리는 책임을 다하는 시민이 되어야 하지.

시민은 국민과는 다르단다. 세상 사람을 부르는 말은 여러 가지가 있어. 백성百姓, 신민臣民, 인민人民, 국민國民, 시민市民. 이 말들은 사회 구조에 따라 일반 사람들을 부를 때 쓰인 말이지. 먼저 백성百姓은 양반과 구분되는 말이야. 신분 구조가 있는 사회에서 양반이 아닌 피지배 계층의 사람을 백성이라고 불렀지. 신민臣民도 백성처럼 지배 구조가 있는 시대의 말이야. 군주가 나라의 주인이고 나머지 사람들은 신하라는 뜻으로 신민이라고 했지. 인민人民은 사람 그 자체를 가리켜. 한 국가의 보통 사람들은 모두 인민이라고 해. 국민國民도 인민과 비슷해. 한 나라의 국적을 가진 사람을 모두 국민이라고 부르지. 우리는 모두 대한민국의 국민인 거야.

그런데 국민 중에는 시민도 있어. 시민市民은 '도시 시市'와 '백성 민民'이 만난 말이야. 그래서 도시에 속한 사람을 가리키는 것으로 보이지. 서울 시민, 광주 시민처럼 말이야. 하지만 시민에는 다른 의미도 담겨 있단다. 고대 그리스는 여러 도시 국가로 이루어져 있었어. 그리고 도시 국가의 주인은 도시에 살고 있는 시민이었지. 시민은 나라의 주인이기 때문에 적극적으로 나랏일에 참여했어. 이것이 오늘날 시민의 의미로 이어지고 있지. 시민은 자신에게 주권이 있음을 인식하는 사람이야. 그래서 나랏일에 적극적으로 참여하는 사람을 가리키지. 시민이라면 나라에서 내가 원하는 것과 다른 일을 벌일 때 당당하게 자신의 주장을 펼쳐야 해. 대통령이 하는 일을 감히 내가 반대할 수 없다고 여기는 사람은 시민이라고 할 수 없어. 나라의 주권은 대통령에게만 있는 것이 아니니까. 정의롭고 살기 좋은 세상을 만드는 데 가장 책임감을 느껴야 하는 사람은 바로 우리, 시민인 거야. 아, 그런데 여기에서 한 가지 기억할 게 있어. 고대 도시 국가에서 시민의 자격은 오직 성인 남성에게만 있었어. 나이가 어리거나 여성인 경우에는 시민이 될 수 없었지. 모든 사람에게 시민의 자격이 주어지기까지는 아주 많은 노력과 시간이 걸렸단다. 그러니 시민의 자격을 절대 포기하지 말자고.

우리가 시민으로서 책임을 잘 지기 위해 필요한 것은 무엇일까?

어떤 일에서든 책임을 다하기 위해서는 준비가 필요해. 공자는 《논어》에서 '인무원려 필유근우 人無遠慮 必有近憂'라고 했어. '인무원려', 사람이 멀리까지 내다보고 걱정하지 않으면 '필유근우', 반드시 가까이에 근심이 생긴다는 거야. 이것은 지도자가 가질 중요한 준비 자세였어. 지도자라면 누구보다 먼저 멀리까지 내다보고 준비해서 나라가 어려움에 처하지 않게 해야 하는 거야. 그래서 대통령이나 국회의원을 뽑는 선거에서 후보들이 자신이 '준비된 대통령, 준비된 국회의원'이라고 내세우곤 하는 거지. 책임감 있는 시민이라면 지도자의 능력을 제대로 살피는 노력과 준비가 필요해. 그래야 잘 준비된 시민이 원하는 지도자를 뽑을 수 있지. 선거일에 투표도 꼭 하고 말이야.

두 번째로 중요한 것은 용기라고 생각해. 선조와 이승만 대통령의 피난길을 떠올리면 그들이 얼마나 겁을 먹었는지 알 수 있어. 그들에겐 책임을 위해 나설 용기가 없었어. 그러다 보니 자기가 제일 먼저 피난을 간 거지. 남은 백성과 국민의 처지는 헤아리지 않았어. '무서울 겁怯'은 '마음 심心'과 '갈 거去'가 만난 글자야. 겁을 먹은 사람들은 마음이 먼저 도망가 버리고 말지. 마음이 도망을 갔으니 제대로 된 판단이나 행동을 할 수 없는 거야. 책임을 다하기 위해서는 자신에게 닥칠 어려움에도 당당할 용기가 필요할 거야.

마지막은 실천이 필요해. 사람들은 대통령에게, 국회의원에게 나랏일을 맡겼기 때문에 자신은 아무것도 하지 않으려고 할 때가 있어. 보통 국민들은 회사에 가야 하고, 아기를 돌봐야 하고, 학교에 가야 하는 등 각자 할 일이 많아. 그래서 대신 정치할 사람을 뽑은 것이기도 하지. 하지만 내가 나라의 주인이란 생각이 있다면 잘못된 일에 목소리를 높이고, 잘못을 막는 행동을 해야 해. 이것이 바로 실천이지.

인디언 속담에 가장 먼 거리는 '머리에서 가슴으로 가는 거리'라는 말이 있어. 생각은 할 수 있지만 그것을 가슴으로 공감하는 것은 어렵다는 말이지. 그런데 우리나라의 한 시민 활동가는 '가슴에서 다

市民 連帯

리로 가는 길도 꽤 멀다고 했어. 가슴으로 느낀 것을 발로 실천하는 경우가 많지 않다는 말이지. 많은 시민들이 머리로 생각하고, 가슴으로 느껴. 하지만 실제 그것을 행동으로 옮기는 경우는 드물지. 그건 거대한 정부나 기업에 한 명의 개인이 맞서기는 힘들기 때문이야.

그래서 시민들에게 무엇보다 필요한 것이 연대 連帶지. 연대 連帶는 여럿이 함께 일을 도모하거나 함께 책임을 지는 것을 말해. 그래서 뜻을 같이하는 시민들이 모여 여러 시민 단체를 만들고 있어. 민주주의가 발달한 유럽의 경우, 시민 단체 활동이 매우 활발하지. 정부역시 시민 단체의 목소리에 귀 기울여 정책을 펼치고. 유럽에는 많은 시민 단체들이 있어서 유럽인들은 자신의 생각과 맞는 시민 단체를 찾아 회원으로 활동하곤 해. 그렇게 하면 연대의 힘으로 생각을 실천에 옮기는 것이 훨씬 수월해지기 때문이야.

민주주의가 발달할수록 시민의 목소리는 커지게 될 거야. 그것이 진짜 우리가 원하는 것이기 때문이지. '우리 학교에서 고쳐야 할 문제는 뭘까?' '우리 반에서 고쳤으면 하는 일은?' '우리 집에서 잘못된 일은?' 이러한 고민들이 모여 살기 좋은 세상, 정의로운 세상을 만들 거야. 그리고 그 일을 해내기 위해 내게 맡겨진 책임이 무엇일지 한 번쯤 고민해 보자고.

 으로 배우는 한자어

　임任은 '사람 인人'과 '짊어질 임壬'이 만나서 사람이 짊어진다는 뜻의 '맡길 임任'이 되었습니다. 사람들이 맡기는 것은 무엇일까요? 그것은 임무任務, 맡아서 하는 일입니다. 다수의 사람들이 임무를 잘 수행할 사람을 뽑아서 일을 맡깁니다. 그래서 임任은 무리를 대표하는 사람들에게 쓰이는 경우가 많습니다.

　우리나라 대통령의 임기任期는 5년입니다. 투표를 통해 대통령을 뽑아 5년 동안 일을 맡기는 것입니다. 임기任期는 임무를 맡기는 기간을 뜻하지요. 대통령에 당선되면 취임식就任式을 합니다. 이제부터 대통령으로서 일을 맡았다고 알리는 행사를 하는 것입니다. 취임就任은 임무를 맡은 자리에 오르는 것이지요. 취임을 한 대통령은 나라 살림을 맡아 합니다. 국민의 바람대로 국가 운영을 잘한다면 국민의 신임信任은 높아질 것입니다. 신임信任은 믿고 맡기는 것을 뜻합니다. 신임이 높아지기 위해서 대통령은 국민에게 나라 살림이 어찌 되고 있는지 설명해야 하고, 어떻게 하는 게 좋을지 물어야 합니다. 신임은 소통에서 나오는 것이기 때문입니다.

옛사람들은 군자君子가 지도자가 되어야 한다고 말했습니다. 그런데 군자君子의 군君에는 '입 구口' 자가 포함되어 있습니다. '입 구口'는 말을 통해 소통하는 것을 의미합니다. 지도자와 국민 사이의 소통은 아주 오랜 옛날부터 중요하게 여긴 덕목인 것입니다.

취임就任을 하고 임기를 다 채우고 나면 퇴임退任을 하게 됩니다. 퇴임退任은 맡은 자리에서 물러나는 것입니다. 임기 중 맡은 소임所任을 다했다면 퇴임식退任式 역시 성대하고 즐거운 자리가 될 것입니다. 소임所任은 맡은 임무를 뜻하는 말이니 소임을 다한 대통령을 가진 나라는 매우 행복할 것입니다.

임任과 닮은 글자들도 '맡아서 한다'는 의미를 품고 있습니다. '임신'에 쓰이는 한자는 '임신할 임妊'입니다. '여자 여女'와 '짊어질 임壬'이 만나 여자가 짊어지다는 의미를 나타냅니다. 남자는 할 수 없는, 여자만이 할 수 있는 유일한 것은 임신입니다. 그래서 임신을 여자가 맡아 하는 것으로 나타낸 것이지요.

임任에 '조개 패貝'를 더하면 '품팔이 임賃'이 됩니다. 맡아 하는 일에 돈을 주는 것인데, 일을 해 주고 돈을 받는 것이니 품팔이가 되겠지요. 이때 받는 돈은 품삯이 됩니다. 만약 서로의 노동력인 품을 나누어 일을 도왔다면 품앗이가 될 겁니다.

사람은 누구나 나름의 책임이 있습니다. 우리가 공부하고, 능력을 키우는 것은 자신이 가진 책임을 잘 해내기 위해서이기도 할 것입니다. 그 노력 속에 모두가 고르게 짐을 지기 위한 노력도 담기길 바랍니다. 약한 사람이 너무 무거운 짐을 지지 않게, 강한 사람이 약한 사람의 짐을 나누어 질 수 있기를.

 任과 관련된 한자어

任務(임무) 책임지고 맡은 일.
辭任(사임) 맡아 보던 일자리를 그만두는 것.
任意(임의) 자기 뜻대로 하는 것.
責任(책임) 도맡아 해야 하는 임무.
任命(임명) 임무를 명하는 것.
信任(신임) 믿고 일을 맡기는 것.
放任(방임) 돌보거나 간섭하지 않고 내버려 두는 것.

:부록:

한자의 속살

한자는 어떻게 쓰일까요?

한글은 소리글자라서 우리가 하는 말이 그대로 글자로 옮겨져요. 긴 내용을 말하면 글도 길어지지요. 그런데 한자는 단 몇 글자로도 많은 내용이 담길 때가 있어요. 지금까지 우리가 보았던 것처럼 한자에는 글자 안에 뜻이 담겨 있기 때문이에요. 그래서 한자를 뜻글자라고 부르지요.

뜻글자인 한자는 문장을 구성하는 글의 순서가 한글과 달라요. 한자로 문장 쓰는 방법을 이해하면 네 글자로 이루어진 사자성어도 이해하기 쉬워지지요.

또한 한자에는 글자를 쓰는 방법이 따로 있어요. 이것을 한자의 필순이라고 하지요. 한자를 그림처럼 그리지 않고 글자로 쓰기 위해서는 필순의 일정한 법칙을 알아 두면 좋아요.

한자의 문장 짜임

우리말과 영어는 말의 순서가 달라요. 우리는 '나는 당신을 사랑합니다'라고 하는데 영어는 'I love you(나는 사랑한다 당신을)'이라고 하지요. 우리말은 주인 되는 말인 주어(나는)를 먼저 말하고 대상이 되는 목적어(당신을)를 말한 뒤에 설명하는 말인 서술어(사랑합니다) 순서로 말하는데, 영어는 주어(I), 서술어(love), 목적어(you) 순서로 말하지요. 이것은 한자에서도 마찬가지예요.

한자 문장의 대표적인 짜임은 다섯 가지로 구분돼요. 첫째 '주어와 서술어 짜임'은 우리말과 차이가 없어요. 해가 뜬다고 말하는 것처럼 한자로도 '일출日出'이라고 하면 돼요. 둘째 '수식 짜임'과, 셋째 '병렬 짜임'도 우리말과 별다르지 않아요. '수식'이란 말을 꾸며 주는 것을 말하는데 예를 들어 '필승必勝'은 '반드시 이긴다'를 뜻하지요. '반드시 필必'이 '이길 승勝'을 꾸며 주는 거예요. 병렬 짜임은 나란히 글자가 배열된 것으로, '상하上下'라고 써서 '높고 낮음'을 나타내지요.

한글과 차이를 보이는 넷째 짜임은 '서술어와 목적어 짜임'이에요. '물건을 보다'는 말은 한자로 하면 '건물見物(보다 물건을)'로 써요. 설명하는 글자인 '볼 견見'을 먼저 쓰고, 목적어인 '물건 물物'을 쓰는 것이지요.

다섯째는 '서술어와 보어 짜임'이에요. 우리말에서 보어는 '~되다, ~이다, ~아니다' 같은 서술어 '앞'에 나와서 설명을 보충해 주는 말이에요. 하지만 한자에서는 보어가 서술어 '뒤'에 위치하지요. '유전有錢'이란 한자는 서술어 '있을 유有'에 보어 '돈 전錢' 순서로 만나 우리말로는 '돈이 있다'로 해석돼요.

한자의 문장 짜임 중 우리말과 다른 특징을 기억하면 한자를 쓰고 이해하는 데 큰 도움이 될 거예요.

# 사자성어

한자는 원래 글자마다 의미가 담겨 있어서 한 글자만으로도 의미 전달이 가능하지만 사자성어가 되면 완전한 말이 될 뿐 아니라 더 폭넓게 현상이나 의미를 설명할 수 있어요. 사자성어는 네 글자로 만들어진 말이란 뜻이에요.

사자성어의 하나인 '관포지교管鮑之交'를 우리말로 풀어 보면 '관포의 만남'이란 뜻이에요. 어디에도 우정이란 말은 들어 있지 않지만 우리는 관포지교를 '깊은 우정을 맺은 친구 사이'로 이해해요. 왜 그런 걸까요? 관포지교란 말 속에 관중과 포숙 이야기가 담겨 있기 때문이에요. 옛날에 관중과 포숙이란 사람이 살았는데 두 사람의 우정이 매우 깊었다는 이야기가 네 글자 속에 숨어 있어서 깊은 우정을 의미하게 된 거지요. 이런 사자성어를 고사성어라고 불러요. 고사성어란 옛이야기에서 만들어진 말이란 뜻이에요.

사자성어는 알아 두면 편리할 때가 많아요. 네 글자로 상황을 간결하게 표현할 수 있거든요. 우리나라에서는 한 해를 마무리하며 그 해를 표현하는 사자성어를 정하곤 해요. 어느 해에는 그 해를 돌아보며 '오리무중五里霧中'이라고 했어요. 오리무중五里霧中은 5리에 이르는 곳에 안개가 가득하다는 뜻이에요. 5리는 약 20킬로미터 정도니까 안개가 매우 두터워 앞을 내다볼 수 없는 상황을 나타내지요. 그 정도로 사회가 어떻게 변화할지 예측할 수 없어 불안하다는 뜻이 돼요. 오리무중을 알고 있다면 쉽게 이해했겠지만, 몰랐다면 '꽥꽥 우는 오리'만 떠올리며 고민했을 거예요. 다양한 언어 생활을 위해 사자성어를 알아 두는 일이 필요하지요.

흥미로운 사자성어 몇 가지를 더 알아볼까요? 옛날 중국에 차윤이란 사람이 살았어요. 차윤의 집은 너무 가난해서 어둠을 밝히는 불을 켤 기름이 없었지요. 가난 속에서도 책을 읽으며 공부하려 했던 차윤은 명주 주머니에 개똥벌레 여러 마리를 잡아 넣어서 거기에서 나오는 불빛으로 책을 읽었다고 해요. 한편 손강이란 사람 역시 가난하여 밤에 책 읽기가 어려웠어요. 손강은 눈 오는 밤이면 반짝이는 하얀 눈의 빛에 책을 읽었다고 해요. 이 두 사람의 행동에서 '형설지공螢雪之功'이란 말이 생겼어요. '개똥벌레 형螢'과 '눈 설雪' 자에 '공 공功' 자를 써서 '개똥벌레와 눈으로 이룬 공'이란 말로, '어려움 속에서도 부지런히 책 읽고 공부한다'는 의미가 된 거지요.

잔꾀를 부려 다른 사람을 속일 때는 '조삼모사朝三暮四'라는 사자성어를 쓰곤 해요. 조삼모사朝三暮四는 송나라 때 있었던 이야기에서 시작되었어요. 송나라의 저공이란 사람이 원숭이를 기르고 있었어요. 저공은 먹이를 아끼려고 원숭이에게 아침으로 도토리 세 개를 주고, 저녁에는 도토리 네 개를 주겠다고 했어요. 그러자 원숭이들이 소리를 지르며 싫어했어요. 그래서 저공은 바로 말을 바꿔서 아침에 도토리를 네 개 주고, 저녁에 세 개 주겠다고 했어요. 그러자 원숭이들이 좋아하더래요. 하루에 먹는 도토리 양은 결국 같은데 아침과 저녁 순서가 바뀌자 좋아하는 원숭이들은 참 어리석어요. 당장 아침에 더 먹을 수 있는 것만 생각하고 좋아하니 말이에요. 그리고 말만 바꿔서 원숭이를 다스리는 저공의 얄팍한 꾀가 놀랍지요. 이를 통해 '아침 조朝' '셋 삼三' '저물 모暮' '넷 사四'를 써서 '조삼모사'란 사자성어가 만들어졌어요.

이렇게 사자성어에는 흥미로운 옛 이야기가 들어 있는 경우가 많아요. 한자를 익히며 사자성어도 함께 익힌다면 더 흥미로운 한자 공부가 될 거예요.

한자 쓰는 방법

한자를 처음 썼을 때 어떤 기분이었나요? 만약 '용서할 서恕'를 써야 했다면? 그림을 그리는 기분이 들지 않던가요? 느릿느릿 한자를 보고 따라 쓸 때면 글자를 쓰는 게 아니라 그린다고 말하는 게 더 어울릴 때가 있어요. 여러 개의 한자가 어울려 만들어진 복잡한 글자는 어느 것부터 써야 할지 막막하기도 하고요. 이때 한자를 쓰는 순서, 즉 필순을 알아 두면 훨씬 그럴 듯하게 글자를 쓸 수 있어요.

한글에도 가로선을 그를 때는 왼쪽에서 오른쪽으로 긋고, 세로선은 위에서 아래로 긋고, 왼쪽부터 글자를 쓴다는 순서가 있는 것처럼 한자에도 글자를 쓰는 방법과 순서가 있어요. 이것만 알아 두면 좀 더 자연스럽게 한자를 쓸 수 있을 거예요.

한자의 필순은 위에서 아래로 쓰고, 왼쪽에서 오른쪽으로 쓰는 것을 기본으로 해요. 만약 '작을 소小'처럼 좌우 대칭 모양의 글자일 때는 가운데를 먼저 쓰고 왼쪽 오른쪽 획을 그어요. 그리고 '가운데 중中'처럼 획이 가운데를 꿰뚫는 모양일 때는 세로선을 나중에 써요.

- 위에서 아래로 쓰기

言 말씀 언

亠 言 言 言 言 言

三 셋 삼

一 二 三

- 왼쪽에서 오른쪽으로 쓰기

川 내 천

丿 丿丨 川

則 곧 즉

丨 冂 冂 月 目 貝 貝 則 則

- 좌우 대칭은 가운데 먼저 쓰기

小 작을 소

亅 小 小

水 물 수

亅 亅 水 水

- 글자를 꿰뚫는 획은 나중에 쓰기

中 가운데 중

丶 冂 口 中

車 수레 차

一 𠂉 𠂉 冃 冃 亘 車

글자 전체를 둘러싸는 획이 있는 경우에는 바깥 몸을 먼저 쓰고 그 속을 채워서 써요. 글자 전체를 받치는 모양을 한 책받침은 가장 나중에 쓰고, 글자 오른쪽 위에 점이 있을 때는 글자 모양을 다 갖춘 후, 가장 마지막에 점을 찍지요. 또 가로와 세로가 겹칠 때는 항상 가로를 먼저 쓰고 세로를 쓴다는 것도 기억해 두면 망설임 없이 한자를 쓸 수 있을 거예요.

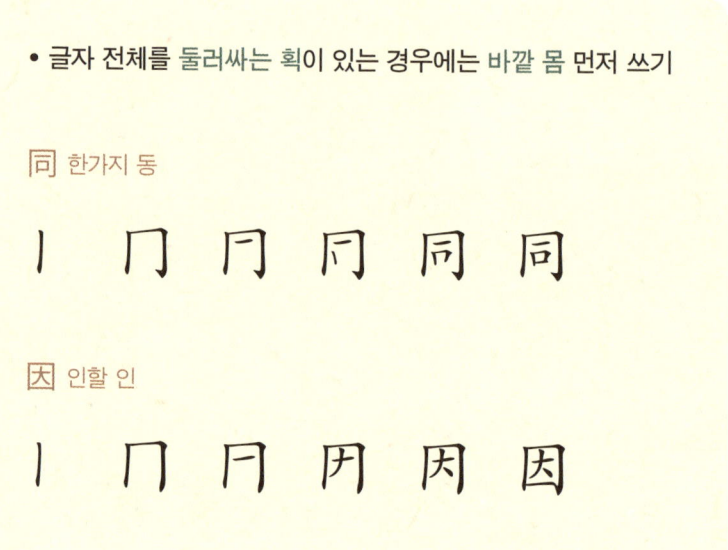

- **책받침은 마지막에 쓰기**

道 길 도

丶 丷 丷 䒑 产 芇 艻 首
首 首 渞 渞 道

建 세울 건

㇇ コ ヨ ⺕ 㸚 聿 肀 肂 建

- **오른쪽 위의 점은 마지막에 쓰기**

犬 개 견

一 ナ 大 犬

代 대신할 대

丿 亻 仁 代 代

• 가로 세로가 교차할 때는 가로 먼저 쓰기

十 열 십

支 가를 지

② 바른 인성을 길러 주는 한자 이야기

세상을 들여다보는 한자

천천히 따라 쓰면서
한자를 익혀 보세요.

뜨인돌어린이

의 뜻과 음을 되새기며 한자를 써 보세요.

貧	貧				
가난할 빈	가난할 빈				

分 + 貝 = 貧
나눌 분   조개 패   가난할 빈

貧 이 쓰인 **한자어**의 뜻을 알고, 직접 써 보세요.

貧	困	貧	困		
가난할 빈	**곤할 곤**	가난할 빈	곤할 곤		

❖ 단어 풀이 ❖ **빈곤** : 가난하여 살기 어려움.

貧	國	貧	國		
가난할 빈	**나라 국**	가난할 빈	나라 국		

❖ 단어 풀이 ❖ **빈국** : 가난한 나라.

이 쓰인 한자어의 뜻을 알고, 직접 써 보세요.

貧	富	貧	富		
가난할 빈	부유할 부	가난할 빈	부유할 부		

❖ 단어 풀이 ❖ **빈부** : 가난함과 부유함.

淸	貧	淸	貧		
맑을 청	가난할 빈	맑을 청	가난할 빈		

❖ 단어 풀이 ❖ **청빈** : 성품이 깨끗하여 가난함.

의 뜻과 음을 되새기며 한자를 써 보세요.

法	法				
법법	법법				

水 + 去 = 法
물 수   갈 거   법 법

이 쓰인 한자어의 뜻을 알고, 직접 써 보세요.

不	法	不	法		
아닐 불(부)	법 법	아닐 불(부)	법 법		

❖단어 풀이❖ **불법** : 법을 지키지 않는 것.

合	法	合	法		
합할 합	법 법	합할 합	법 법		

❖단어 풀이❖ **합법** : 법에 합당한 것.

法 이 쓰인 한자어의 뜻을 알고, 직접 써 보세요.

憲	法	憲	法		
법 헌	법 법	법 헌	법 법		

❖단어 풀이❖　**헌법** : 나라의 통치 체제와 기본 원칙을 정한 법.

立	法	立	法		
설 입(립)	법 법	설 입(립)	법 법		

❖단어 풀이❖　**입법** : 법을 만드는 것.

이 쓰인 한자어의 뜻을 알고, 직접 써 보세요.

法	院	法	院		
법법	집원	법법	집원		

❖ 단어 풀이 ❖ **법원** : 재판을 진행하는 사법 기관.

法	典	法	典		
법법	법전	법법	법전		

❖ 단어 풀이 ❖ **법전** : 법을 엮어 놓은 책.

의 뜻과 음을 되새기며 한자를 써 보세요.

政	政				
정사 정	정사 정				

正 + 攵 = 政
바를 정   매질할 복   정사 정

이 쓰인 한자어의 뜻을 알고, 직접 써 보세요.

政	治	政	治		
정사 정	다스릴 치	정사 정	다스릴 치		

❖ 단어 풀이 ❖ **정치** : 나라를 다스리는 일.

政	府	政	府		
정사 정	마을 부	정사 정	마을 부		

❖ 단어 풀이 ❖ **정부** : 나라를 다스리는 기관.

이 쓰인 한자어의 뜻을 알고, 직접 써 보세요.

政	權	政	權		
정사 정	권세 권	정사 정	권세 권		

❖ 단어 풀이 ❖ **정권** : 정부를 조직하여 나라를 다스릴 수 있는 권력.

政	策	政	策		
정사 정	꾀 책	정사 정	꾀 책		

❖ 단어 풀이 ❖ **정책** : 정치적 목적에 따라 이루어지는 방법.

平 의 뜻과 음을 되새기며 한자를 써 보세요.

平	平				
평평할 평	평평할 평				

이 쓰인 한자어의 뜻을 알고, 직접 써 보세요.

平	等	平	等			
평평할 평	무리 등	평평할 평	무리 등			

❖단어 풀이❖ **평등** : 차별 없이 고른 것.

平	和	平	和			
평평할 평	화할 화	평평할 평	화할 화			

❖단어 풀이❖ **평화** : 평온하여 화목한 상태.

13

이 쓰인 한자어의 뜻을 알고, 직접 써 보세요.

平	地	平	地		
평평할 평	**땅 지**	**평평할 평**	**땅 지**		

❖ 단어 풀이 ❖ **평지** : 고른 땅.

公	平	公	平		
공평할 공	**평평할 평**	**공평할 공**	**평평할 평**		

❖ 단어 풀이 ❖ **공평** : 치우침 없이 공정한 것.

平 이 쓰인 한자어의 뜻을 알고, 직접 써 보세요.

平	均	平	均		
평평할 평	고를 균	평평할 평	고를 균		

❖ 단어 풀이 ❖ **평균** : 각각 다른 양이나 질을 고르게 한 것.

平	民	平	民		
평평할 평	백성 민	평평할 평	백성 민		

❖ 단어 풀이 ❖ **평민** : 계급 사회에서 벼슬이 없는 백성.

異 의 뜻과 음을 되새기며 한자를 써 보세요.

異	異				
다를 이	다를 이				

田 + 共 = 異
밭 전 　 한가지 공 　 다를 이

異 가 쓰인 한자어의 뜻을 알고, 직접 써 보세요.

差	異	差	異		
다를 차	다를 이	다를 차	다를 이		

❖ 단어 풀이 ❖ **차이** : 서로 다른 것.

異	見	異	見		
다를 이	볼 견	다를 이	볼 견		

❖ 단어 풀이 ❖ **이견** : 견해가 다른 것.

가 쓰인 한자어의 뜻을 알고, 직접 써 보세요.

異	議	異	議		
다를 이	의논할 의	다를 이	의논할 의		

❖ 단어 풀이 ❖ **이의** : 다른 주장, 다른 의견이나 논의.

異	邦	人	異	邦	人
다를 이	나라 방	사람 인	다를 이	나라 방	사람 인

❖ 단어 풀이 ❖ **이방인** : 다른 나라 사람. 풍속과 언어, 사고방식이 다른 사람.

異 가 쓰인 한자어의 뜻을 알고, 직접 써 보세요.

同	床	異	夢		
한가지 동	평상 상	다를 이	꿈 몽		

❖ 단어 풀이 ❖ **동상이몽** : 같은 자리에서 다른 꿈을 꾸는 것.

異	口	同	聲		
다를 이	입 구	한가지 동	소리 성		

❖ 단어 풀이 ❖ **이구동성** : 여러 사람이 한목소리를 내는 것.

의 뜻과 음을 되새기며 한자를 써 보세요.

任	任						
맡길 임	맡길 임						

人 + 壬 = 任
사람 인　　짊어질 임　　맡길 임

이 쓰인 한자어의 뜻을 알고, 직접 써 보세요.

任	務	任	務			
맡길 임	**힘쓸** 무	**맡길** 임	**힘쓸** 무			

❖ 단어 풀이 ❖ **임무** : 책임지고 맡은 일.

辭	任	辭	任			
말씀 사	**맡길** 임	**말씀** 사	**맡길** 임			

❖ 단어 풀이 ❖ **사임** : 맡아 보던 일자리를 그만두는 것.

이 쓰인 한자어의 뜻을 알고, 직접 써 보세요.

責	任	責	任		
꾸짖을 책	맡길 임	꾸짖을 책	맡길 임		

❖단어 풀이❖ **책임** : 도맡아 해야 하는 임무.

任	命	任	命		
맡길 임	목숨 명	맡길 임	목숨 명		

❖단어 풀이❖ **임명** : 임무를 명하는 것.

任 이 쓰인 한자어의 뜻을 알고, 직접 써 보세요.

信	任	信	任		
믿을 신	맡길 임	믿을 신	맡길 임		

❖ 단어 풀이 ❖ **신임** : 믿고 일을 맡기는 것.

放	任	放	任		
놓을 방	맡길 임	놓을 방	맡길 임		

❖ 단어 풀이 ❖ **방임** : 돌보거나 간섭하지 않고 내버려 두는 것.

하나의 글자에 이렇게 깊은 뜻이!

한자를 공부하는 책인가요?

그렇기도 하고 아니기도 해요. 한자 이야기를 하면서 인물 이야기도 하고 철학이나 역사 이야기도 하니까요. 한자 속 다양한 이야기를 통해 자신과 세상을 돌아보고 바른 인성을 키울 수 있어요.

- 서로 나누며 사는 지혜를 알려 주는 **가난할 빈 貧**
- 법치주의의 의미를 알려 주는 **법 법 法**
- 바른 정치의 중요성을 알려 주는 **정사 정 政**
- 평등을 실천하는 방법을 알려 주는 **평평할 평 平**
- 다름을 포용하는 자세를 알려 주는 **다를 이 異**
- 시민의 책임을 알려 주는 **맡길 임 任**

값 12,000원

ISBN 978-89-5807-687-2